Z-KAI

かっこいい小学生になろう

Z会グレードアップ問題集
全科テスト

国語　算数　理科　社会　英語

小学
6年

Z会は「考える力」を大切にします。

『Z会グレードアップ問題集　全科テスト』は，教科書レベルの問題では物足りないと感じている方・難しい問題にチャレンジしたい方を対象とした学習到達度を確認するテストです。発展的・応用的な問題を中心に，当該学年の各教科の重要事項をしっかり確認できるよう内容を厳選しています。少ない問題で最大の効果を発揮できるように，通信教育における長年の経験をもとに“良問”をセレクトしました。単純な知識·技能の習得レベルを確認するのではなく，本当の意味での「考える力」が身についているかどうかを確認するテストです。

特徴1
総合的な読解力・情報整理力・思考力・計算力・表現力の定着を確認できる問題構成。

特徴2
応用・発展問題を多く掲載。
算数，国語，理科，社会の重要単元をしっかり学習できる。

特徴3
英語は，「聞く」「話す」「読む」「書く」の4技能に対応。

特徴4
お子さまの自学自習を的確にサポートできる，別冊『解答・解説』付き。

目次

算数

理科

社会

英語

国語

※「国語」は冊子の後ろ側から始まります。

保護者の方へ

本書は，『Z会グレードアップ問題集』シリーズに取り組んでいない場合でも，実力診断としてお使いいただくことができます。

別冊『解答・解説』39ページに，各教科の単元一覧を掲載していますので，テスト前の確認やテスト後の復習の際にご参照ください。また，『Z会グレードアップ問題集』(別売り)と一緒にお使いいただくと，教科，単元別により多くの問題に取り組むことができて効果的です。

保護者の方へ 英語の音声について

本書の「英語」は４技能の到達度を見るため，音声を聞いて答える問題があります。音声は，専用サイトで聞いてください。

音声マークの数字は，音声サイトの音声ファイル番号です。音声マークに01と表示があるものは，01の音声を再生してください。

▼音声マーク

01

▶ ダウンロード

https://service.zkai.co.jp/books/zbooks_data/dlstream?c=5375

▶ ストリーミング

右の二次元コードからアクセスしてください。

※再生ごとにインターネットからデータを読み込みますので，通信量にご注意ください。

この本の使い方

❶ この本は全部で18回あります。
好きな科目の１から順番に取り組みましょう。

❷ １回分が終わったら，別冊《べっさつ》の『解答・解説』を見て，自分で○をつけましょう。

❸ ○をつけたら，下の「学習の記録」に，取り組んだ日と得点を書きましょう。

❹ 得点の右にあるめもりに，得点の分だけ好きな色をぬりましょう。

		10	20	30	40	50	60	70	80	90	100
(例)	85 点	1	2	3	4	5	6	7	8	9	

学習の記録

	取り組んだ日	得点	10	20	30	40	50	60	70	80	90	100
算数１	月　日	点	1	2	3	4	5	6	7	8	9	
算数２	月　日	点	1	2	3	4	5	6	7	8	9	
算数３	月　日	点	1	2	3	4	5	6	7	8	9	
算数４	月　日	点	1	2	3	4	5	6	7	8	9	
算数５	月　日	点	1	2	3	4	5	6	7	8	9	
国語１	月　日	点	1	2	3	4	5	6	7	8	9	
国語２	月　日	点	1	2	3	4	5	6	7	8	9	
国語３	月　日	点	1	2	3	4	5	6	7	8	9	
国語４	月　日	点	1	2	3	4	5	6	7	8	9	
国語５	月　日	点	1	2	3	4	5	6	7	8	9	
理科１	月　日	点	1	2	3	4	5	6	7	8	9	
理科２	月　日	点	1	2	3	4	5	6	7	8	9	
理科３	月　日	点	1	2	3	4	5	6	7	8	9	
社会１	月　日	点	1	2	3	4	5	6	7	8	9	
社会２	月　日	点	1	2	3	4	5	6	7	8	9	
社会３	月　日	点	1	2	3	4	5	6	7	8	9	
英語１	月　日											
英語２	月　日											

英語に取り組んだら に顔をかきましょう。

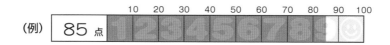

算数

1

確認《かくにん》テスト

学習日　　月　　日

得点　　／100点

1　次の計算をしなさい。(各４点)

① $\frac{5}{12}\times 14$

② $\frac{8}{15}\div 2.4$

③ $2\frac{1}{4}\times 4\frac{2}{3}\times \frac{3}{7}$

④ $2\frac{4}{7}\div 1\frac{1}{14}\times 2\frac{7}{9}$

⑤ $3.2\div 2\frac{2}{3}\times 1.25$

⑥ $2\frac{14}{25}\div \frac{24}{35}\div 1\frac{13}{15}$

2 ○，△，□，★，◆の形の中から，2つ選びます。次の問いに答えなさい。

（各6点）

1 選び方は全部で何通りありますか。

2 （○，△，□）から1つと，（★，◆）から1つを選ぶことにすると，選び方は全部で何通りありますか。

3 さくらさん，こまちさん，のぞみさんの3人がじゃんけんを1回します。このとき，さくらさんが勝ってのぞみさんが負けるような3人の手の出し方は何通りありますか。（8点）

4 こうたさん，ひろとさん，さゆさん，るりさんの4人がリレーで走ります。ただし，さゆさんはるりさんより先に走ることにします。さゆさんとるりさんの間にだれが走ってもかまいません。走る順番の決め方は何通りありますか。

（8点）

5 右の図全体は点Oを対称《たいしょう》の中心とした点対称な図形です。色のついた部分は点Cを中心とする円を半分にした形になっています。この図形全体のまわりの長さが55cmのとき，次の問いに答えなさい。ただし，円周率は3.14とします。

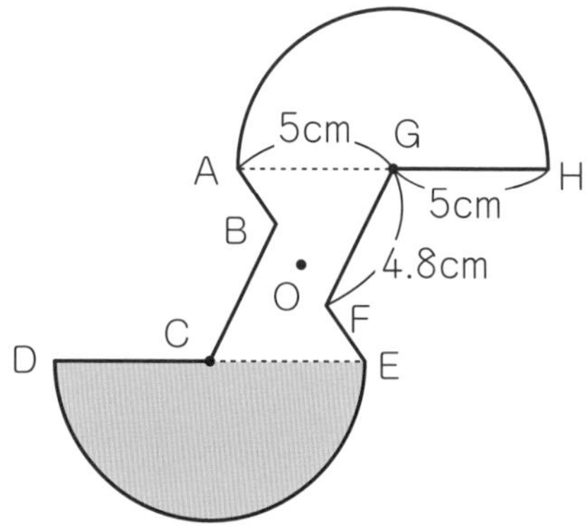

1 辺BCの長さを求めなさい。(4点)

2 辺ABの長さを求めなさい。(10点)

6 下の図は，直線**アイ**を対称の軸《じく》として，線対称な図形の半分をかいたものです。残りの半分を図にかき入れなさい。(各6点)

1

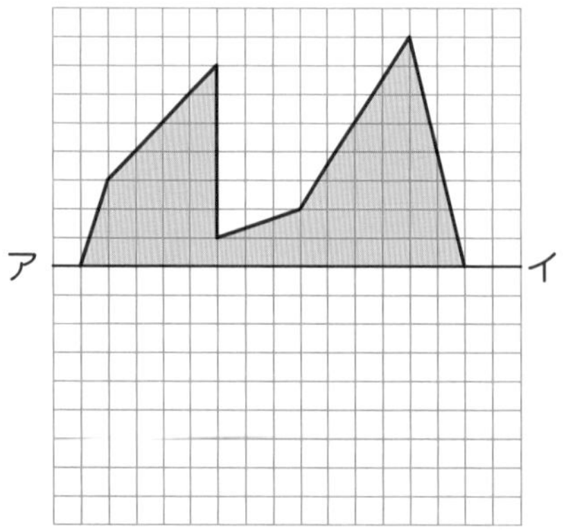

2

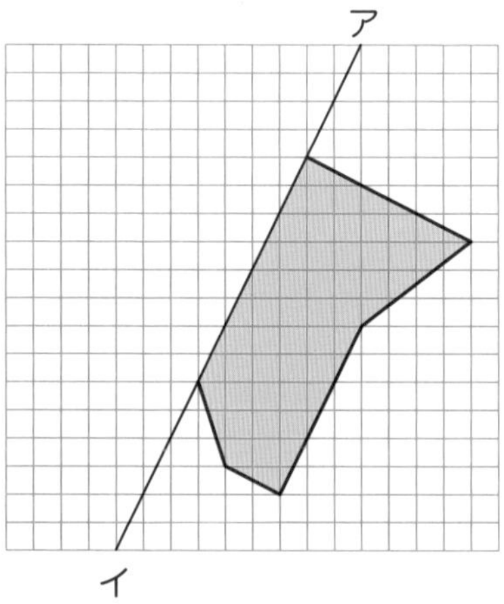

7 次のきまりで，数を三角形に並《なら》べていきます。

- ・1段目《だんめ》と数と両はしの数は1
- ・それ以外の数は左上の数と右上の数の和

これを「パスカルの三角形」といいます。

右の図1では，㋐の数は 1+3=4，㋑の数は 6+4=10 となります。

図1

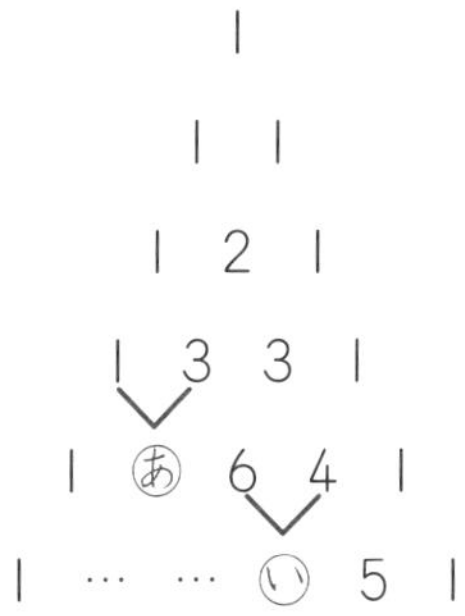

次に，右の図2のように，パスカルの三角形の3段目の2つの数と，それらの和の数を逆三角形で囲み，これを▼3とします。次に4段目の2つの数とそれらの和の数を囲んで▼4を作り，同じように▼5，▼6を作りました。次の問いに答えなさい。

図2

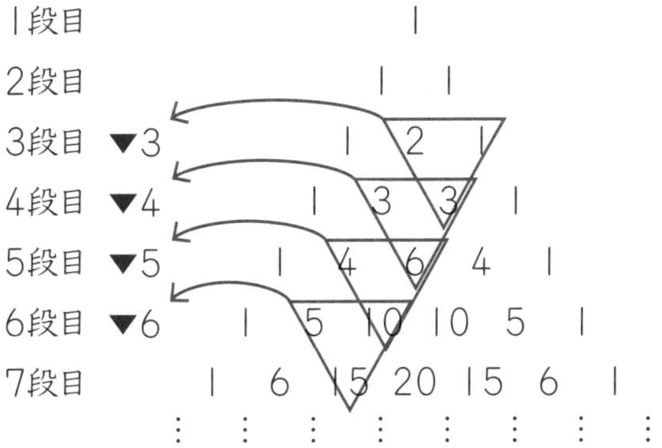

1 ▼8の3つの数を，右に書き入れなさい。(8点)

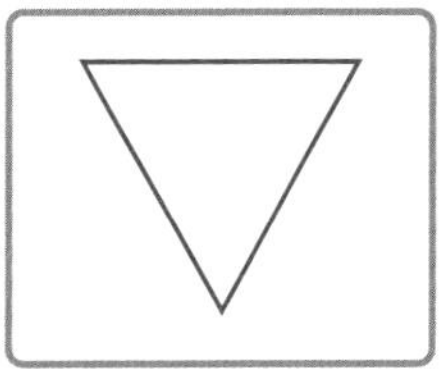

2 下の図3のように，逆三角形で囲んだ数の左上の数をア，右上の数をイ，下の数をウとします。「ア」の数と「イ+ウ」の数について表にまとめました。表のあいているところにあてはまる数を書き入れなさい。(各1点)

図3

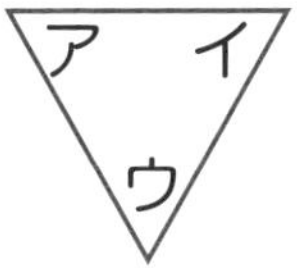

	▼3	▼4	▼5	▼6	▼7	▼8
ア	2	3	4	5		
イ+ウ	4	9				

3 ▼15について，「イ+ウ」の数はいくつになりますか。(8点)

算数

2 確認《かくにん》テスト

学習日　月　日　得点　／100点

1 次の数や量を求める式を，文字 x を使って表しなさい。(各 4 点)

① 長さ xm のひもを 7 本に等しく切ったときの 1 本の長さ

② 1 辺の長さが $x$cm の正方形のまわりの長さ

③ 分速 xm で 20 分走ったあと，さらに 300m 歩いたときの道のり

2 x にあてはまる数を求めなさい。(各 3 点)

① $x-24=30$

② $x \div 4=12$

③ $x \times 5.4=27$

④ $(35-x) \div 8=3.5$

3 下の表は底辺がある長さの三角形の高さ（$x$cm）と面積（$y$cm^2）の関係を表したものです。次の問いに答えなさい。（各6点）

高さ x(cm)	1	2	3	4	5	6
面積 y(cm^2)	2.4	4.8	7.2	9.6	12	14.4

1 yをxを使った式で表しなさい。

2 高さが15cmのとき，面積は何cm^{2}ですか。

4 右のグラフは，ある水そうに満水になるまで水を入れるときの，1分間に入れる水の量（xL）と，満水になるまでの時間（y分）の関係を表しています。次の問いに答えなさい。（各6点）

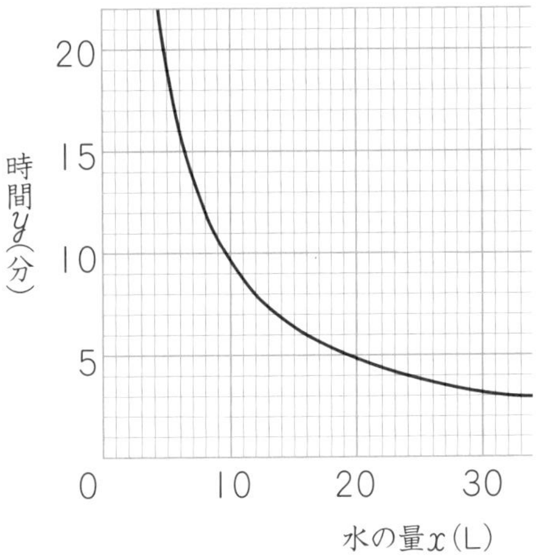

1 満水になるまでの時間が12分だったとき，1分間に何Lの水を入れましたか。

2 yをxを使った式で表しなさい。

5 次の図形の色がついた部分の面積は何 cm^2 ですか。ただし，円周率は 3.14 とします。(各５点)

①

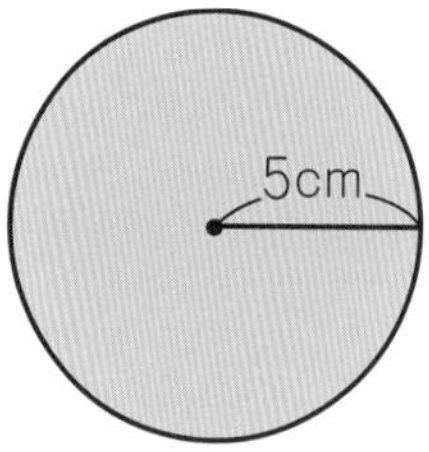

②

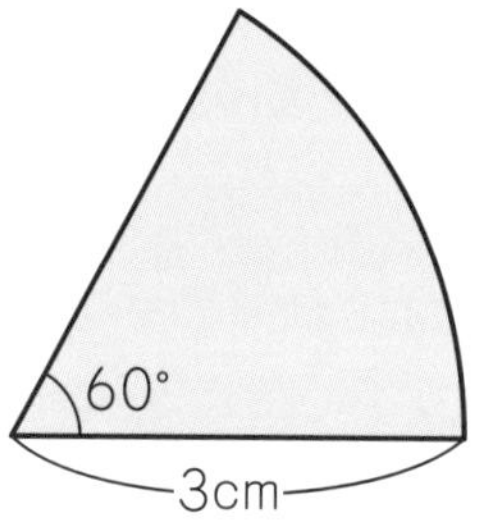

③

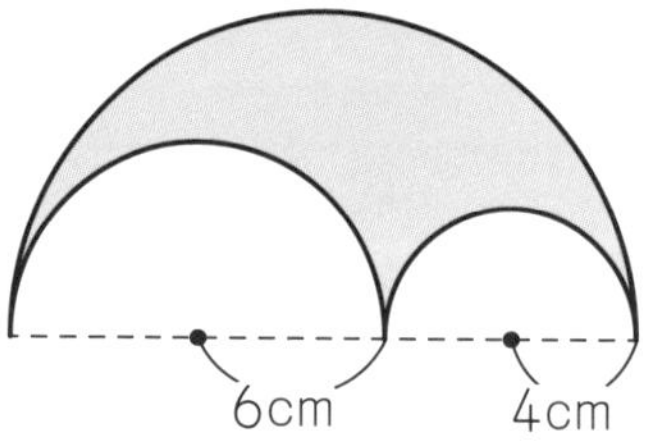

④

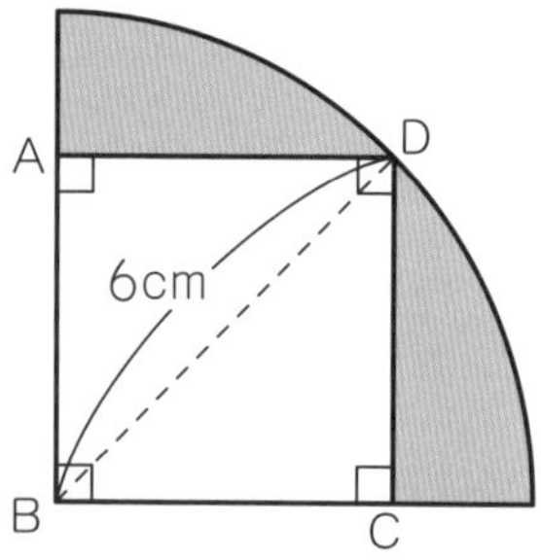

四角形ABCDは正方形

6 次の図形の色がついた部分の面積は何 cm^2 ですか。ただし，円周率は 3.14 とします。(8 点)

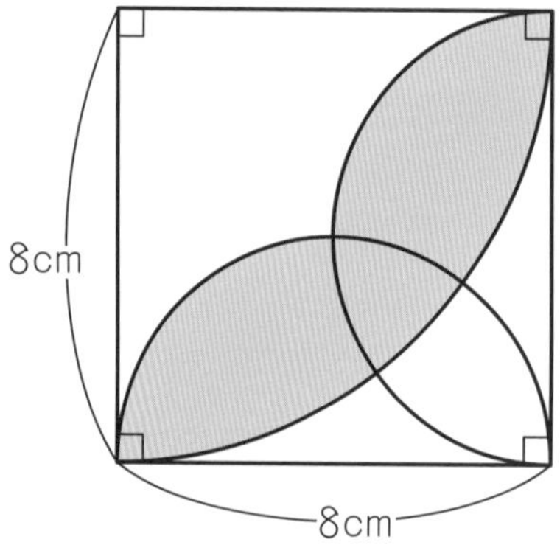

7 ゆうさん，ひろとさん，まきさん，みやびさんの４人で，じゃんけん大会を開くことになりました。リーグ戦《せん》（総当《そうあた》り戦《せん》）で行い，それぞれの対戦で５回ずつじゃんけんをして，じゃんけんに勝った回数の多い方をその対戦の勝者とします。４人のじゃんけんと対戦に勝った回数は下の表のようになりました。次の問いに答えなさい。

	じゃんけんに勝った回数	対戦に勝った回数
ゆうさん	８回	？回
ひろとさん	９回	３回
まきさん	？回	？回
みやびさん	４回	？回

1 まきさんは，じゃんけんに何回勝ちましたか。（８点）

2 ひろとさんは，みやびさんとの対戦で，じゃんけんに何回勝ちましたか。（８点）

3 まきさんが対戦に勝った回数は１回でした。４人のじゃんけんの成績を下の表にくわしくまとめなさい。たとえば，ゆうさんがひろとさんとの対戦で，ゆうさんがじゃんけんに１回勝ち，４回負けたとしたら，色をつけたます目に「１－４」と書くものとします。（全部できて８点）

	ゆうさん	ひろとさん	まきさん	みやびさん
ゆうさん				
ひろとさん				
まきさん				
みやびさん				

算数

3

確認《かくにん》テスト

学習日　　月　　日　得点　　／100点

1　びんにしょう油が全体の$\frac{2}{5}$まで入っています。30mL のしょう油を使うと，残りのしょう油は全体の$\frac{1}{3}$になりました。びん全体に入るしょう油の量は何 mL ですか。（8 点）

2　工作の時間にリボンを使います。みゆさんが全体の$\frac{3}{7}$を取り，せいやさんが残ったリボンの$\frac{5}{8}$を取ると，リボンが 45cm 残りました。次の問いに答えなさい。（各 8 点）

① せいやさんが取ったリボンの長さは何 cm ですか。

② はじめにリボンは何 m ありましたか。

3　かなえさんのクラス 32 人の身長を表したグラフを作りましたが，よごれてしまい一部が見えなくなっています。次の問いに答えなさい。

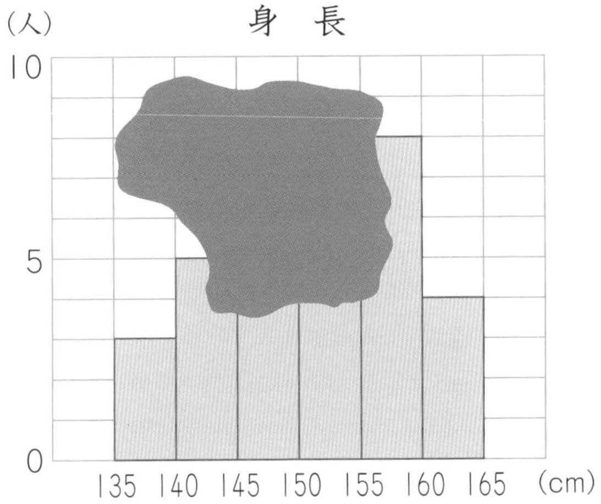

❶　身長が 150cm 以上の人数は，身長が 150cm 未満の人数より 6 人多いそうです。身長が 145cm 以上 150cm 未満の人数は何人ですか。（8 点）

❷　かなえさんの身長は 157.2cm です。かなえさんの身長は高いほうから数えて何番目から何番目の間ですか。（6 点）

（　　　　）番目から（　　　　）番目の間

❸　身長が 145cm 未満の人数は，クラス全体の人数の何％ですか。（8 点）

4　下の図で，三角形 ABC と三角形 ADE はどちらも直角三角形で，点 D は辺 AB の上にあり，点 E は辺 AC の上にあります。また，直線 DC と直線 EB が交わってできる点を F とします。AB＝24cm，AD＝8cm，BC＝12cm のとき，次の問いに答えなさい。

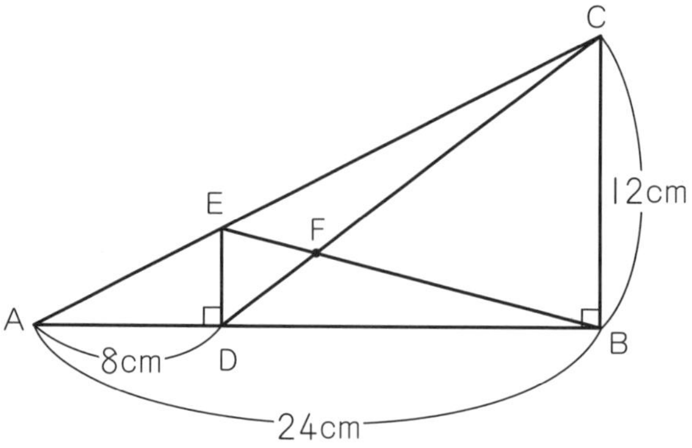

1　三角形 ABC は三角形 ADE の何倍の拡大《かくだい》図《ず》になっていますか。(6 点)

2　三角形 ADE の面積は何 cm^2 ですか。(8 点)

3　三角形 FBC の面積は何 cm^2 ですか。(12 点)

5 次の角柱の体積は何 cm^3 ですか。(各５点)

1

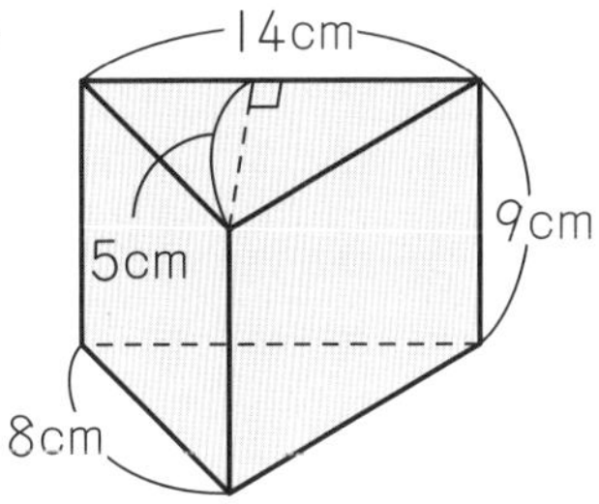

2

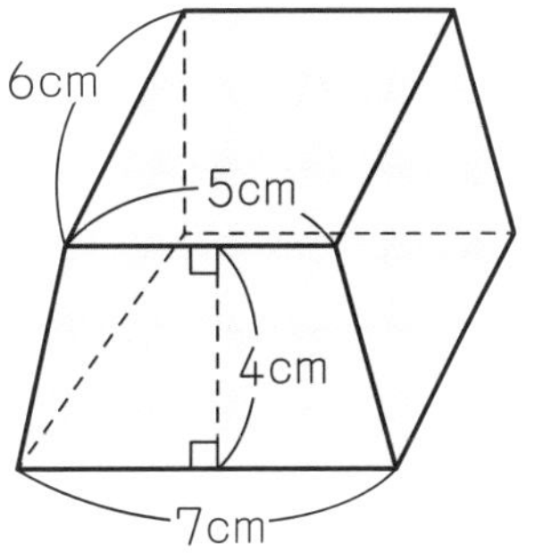

6 次の展開《てんかい》図《ず》を組み立ててできる立体の体積は何 cm^3 ですか。ただし，円周率は3.14とします。(各９点)

1

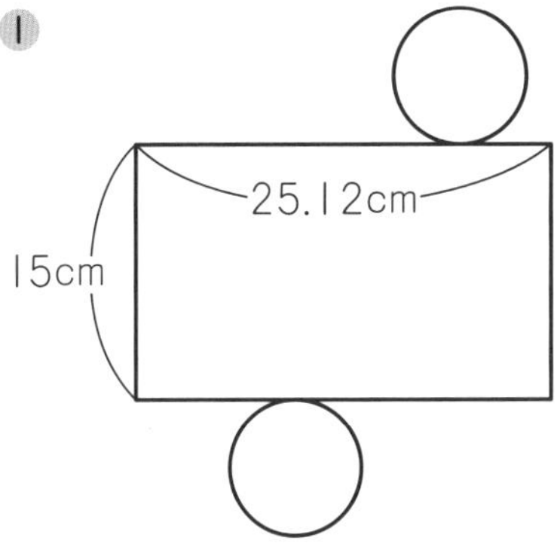

2

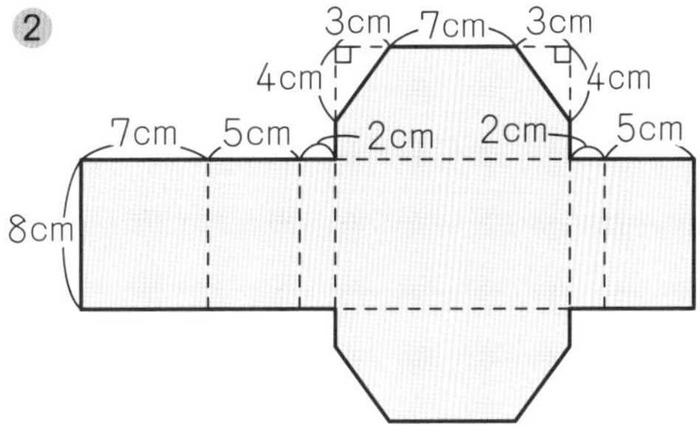

算数

4 確認《かくにん》テスト

学習日　　月　　日　得点　　／100点

1 次の比を最も簡単《かんたん》な整数の比で表しなさい。また，比の値《あたい》を求めなさい。（各３点）

① $\frac{4}{5}$: 1.28

比　　　　比の値

② 720m : 1.5km

比　　　　比の値

2 xにあてはまる数を求めなさい。（各５点）

① 28 : 15=7 : x

② $\frac{5}{6}$: 3=x : 18

3 たけしさんとお兄さんがお金を出し合って 3200 円のゲームソフトを買います。たけしさんとお兄さんの出す金額の比を 3 : 5 とするとき，たけしさんは何円出せばよいですか。（8 点）

4 下の図１のような仕切りのある直方体の水そうに，給水管から一定の割合《わりあい》で水を入れていきます。図２は水を入れ始めてからの時間と辺ABにおける水面の高さの関係を表したグラフです。このとき，次の問いに答えなさい。ただし，水そうの厚さは考えないものとします。

図１

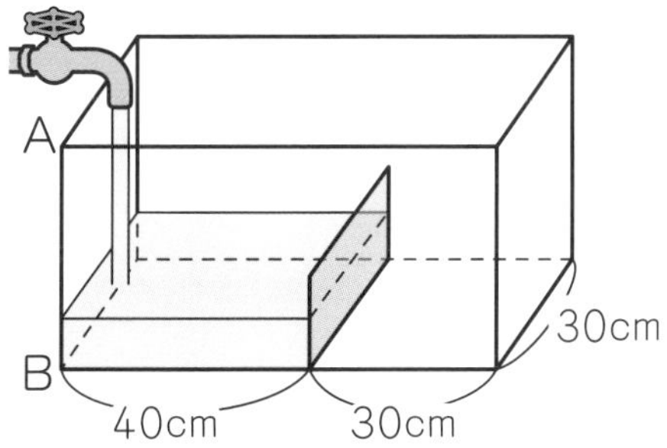

図２

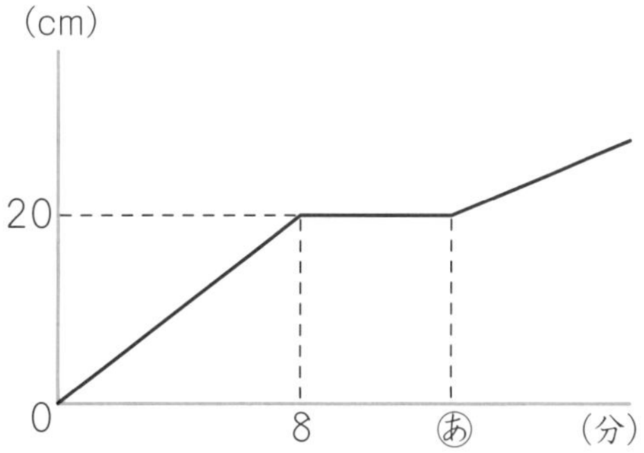

❶ 仕切りの高さは何cmですか。(6点)

❷ 給水管から１分あたり何Lの水を入れていますか。(8点)

❸ グラフのあにあてはまる数を答えなさい。(10点)

5 正方形や立方体を組み合わせた図形から，中にできるいろいろな図形の数を数え上げます。□にあてはまる数を書き入れなさい。(□1つ4点)

① 右下の図のように1辺1cmの正方形を16個組み合わせて1辺4cmの正方形を作りました。この図の中のいろいろな大きさの正方形を数え上げると，

1辺3cmの正方形が ㋐□ 個，

1辺2cmの正方形が ㋑□ 個，

全部で ㋒□ 個の正方形があります。

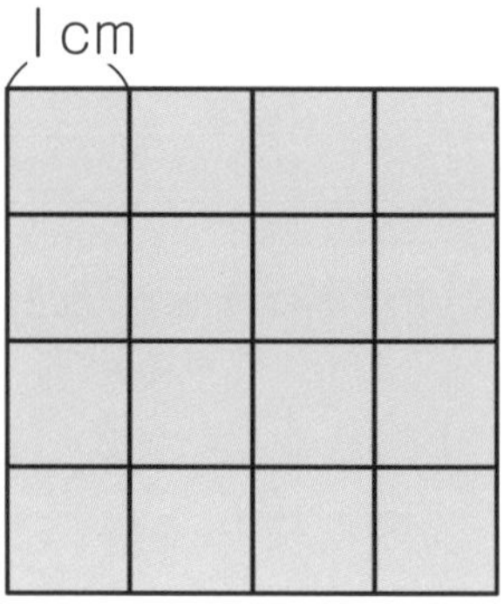

② 右下の図のように1辺1cmの立方体を64個組み合わせて1辺4cmの立方体を作りました。この図の中のいろいろな大きさの立方体を数え上げると，

1辺3cmの立方体が ㋓□ 個，

1辺2cmの立方体が ㋔□ 個，

全部で ㋕□ 個の立方体があります。

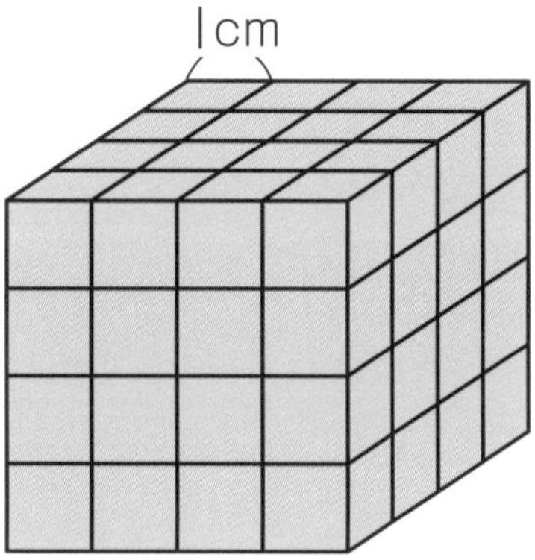

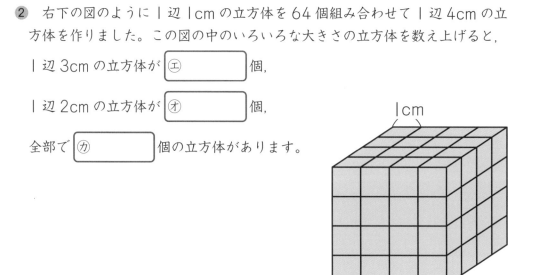

6 図１のようにある年の６月のカレンダーの５つの日付を丸で囲みました。５つの数の和は真ん中の数の５倍に等しくなっています。これはどんな場所でも成り立ちます。図２は６月のカレンダーの一部をぬき出したもので，左上の数を x とおきます。このとき，次の問いに答えなさい。

図１

日	月	火	水	木	金	土
			1	2	3	4
5	6	7	8	9	10	11
12	13	14	15	16	17	18
19	20	21	22	23	24	25
26	27	28	29	30		

図２

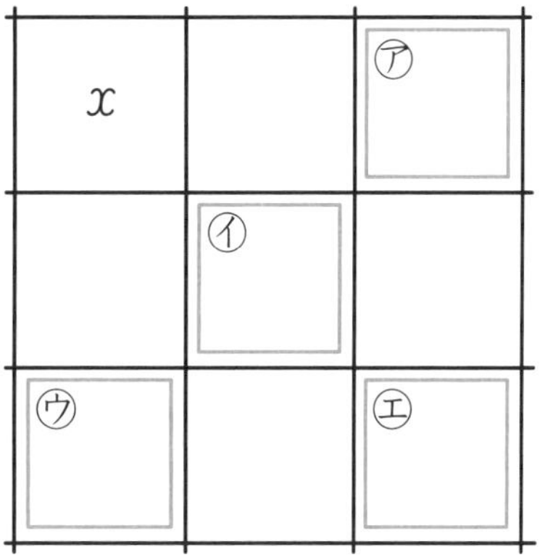

1 図２の㋐〜㋓を x を使った式で表し，図２の□に書き入れなさい。

（□１つ２点）

2 ５つの数の和が真ん中の数の５倍に等しくなることを次のように説明しました。▭にあてはまる数を書き入れなさい。（①〜⑦各２点）

５つの数の和を x を使った式で表すと，

$x+(x+$ ① $)+(x+$ ② $)+(x+$ ③ $)$

$+(x+$ ④ $)$

$=x\times$ ⑤ $+$ ⑥

真ん中の数の５倍を x を使った式で表すと，

$(x+$ ⑦ $)\times 5=x\times$ ⑤ $+$ ⑥

したがって，５つの数の和と真ん中の数の５倍は同じ式で表されているので，等しくなっています。

算数

5 確認《かくにん》テスト

学習日　　月　　日

得点　　／100点

1　x にあてはまる数を求めなさい。(各８点)

① $\frac{7}{10}+x\div1.2=1\frac{1}{3}$

② $1\frac{2}{5}\div\frac{2}{5}+3\frac{1}{4}-x\times2\frac{1}{2}=6\frac{1}{4}$

③ $\left(x\times\frac{2}{3}-2\frac{1}{3}\div1\frac{2}{5}\right)\times2\frac{1}{4}=1\frac{1}{12}$

2 けんさん，ゆいさん，はるきさんの３人は同じ地点から同時に出発して，湖のまわりをそれぞれ同じ速さでまわります。けんさんはバイクで時計回りに，ゆいさんは自転車で時計回りに，はるきさんは歩いて反時計回りに進みます。けんさんは出発して20分後にはるきさんと初めて出会いました。また，けんさんは出発して45分後にゆいさんに初めて追いつきました。次の問いに答えなさい。(各８点)

1 湖のまわりの長さを１とします。このとき，ゆいさんとはるきさんの１分間に進む道のりの和を求めなさい。

2 ゆいさんとはるきさんが初めて出会うのは，出発してから何分後ですか。

3 けんさんとゆいさんの速さの比が９：４のとき，はるきさんが湖のまわりを１周するのにかかった時間は何分ですか。

3 図1のように半径が6cmの3つの円を，たがいの中心を通るようにかき，3つの円が重なってできる図形ABCを作りました。次の問いに答えなさい。ただし，円周率は3.14とします。

（各8点）

図1

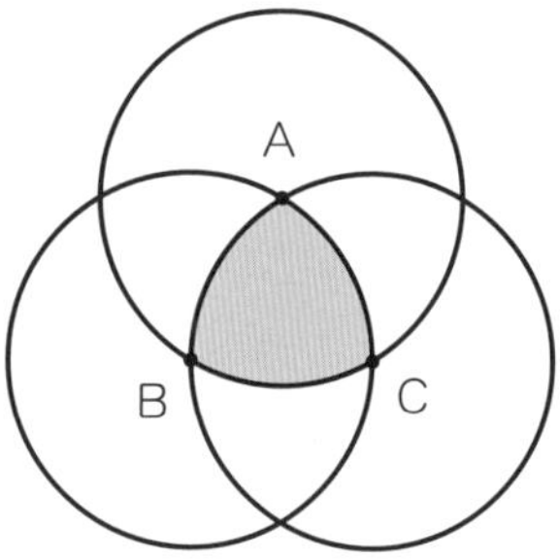

1 図1の図形ABCのまわりの長さは何cmですか。

2 図2のように，図形ABCが半径9cmの円のまわりをすべらないように1周しました。このとき，図形ABCが通ってできる，色をつけた図形の面積は何cm^2ですか。

図2

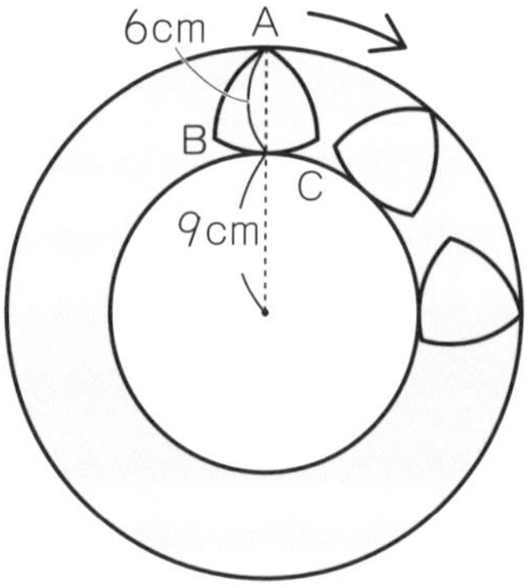

4 右の図の直方体を辺AEを軸《じく》にして1回転させるとき，長方形BFGCが通ってできる立体の体積は何cm^3ですか。ただし，円周率は3.14とします。（12点）

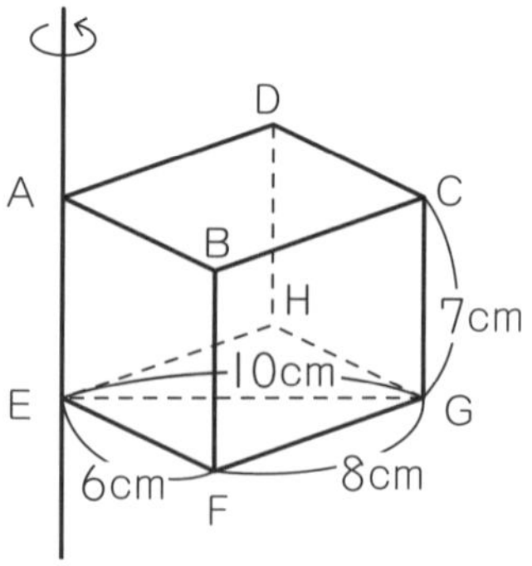

5 ビッツさんが通うグレアプ小学校では，毎年計算コンテストが開かれます。今年の最終問題は，数の列の和を，面積を使って考えるおもしろい問題でした。

1 1つ前の数に$\frac{1}{2}$をかけていき，次の数の列をつくります。

$\frac{1}{2}$，$\frac{1}{4}$，$\frac{1}{8}$，$\frac{1}{16}$，$\frac{1}{32}$，……

この数の列に現れる数を順にたしていくと，どんな値《あたい》に近づくでしょうか。右の図の面積が1の正方形と，下のヒントを使って考えなさい。（10点）

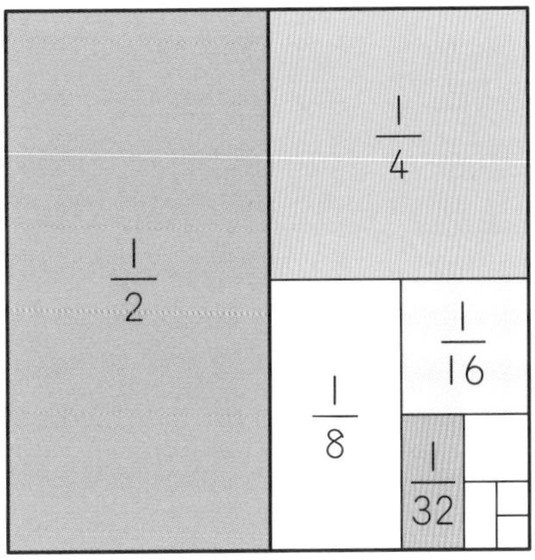

（ヒント）

1番目の数の$\frac{1}{2}$を，縦《たて》1，横$\frac{1}{2}$の長方形の面積と考える。

すると，2番目の数の$\frac{1}{4}$は，この長方形の面積の半分になる。

3番目以降《いこう》の数も，同じように面積の半分になっていく。

2 1つ前の数に$\frac{1}{4}$をかけていき，次の数の列をつくります。

$\frac{1}{4}$，$\frac{1}{16}$，$\frac{1}{64}$，$\frac{1}{256}$，$\frac{1}{1024}$，……

この数の列に現れる数を順にたしていくと，どんな値に近づくでしょうか。右の図の面積が1の正三角形を使って考えなさい。

（14点）

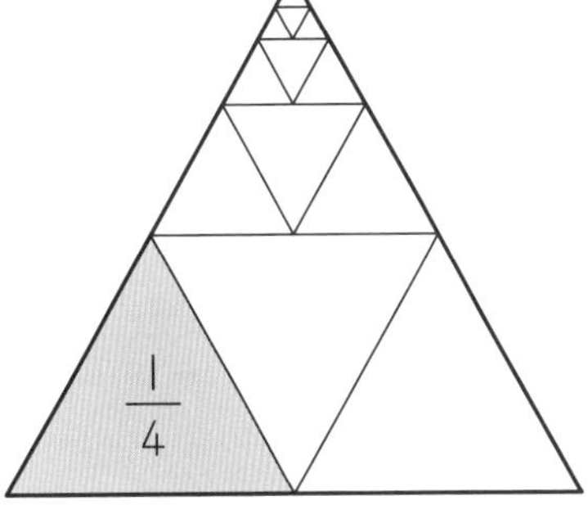

確認《かくにん》テスト

学習日　月　日　得点　／100点

1　よくすりつぶしたごはんに水を加えた液を，6本の試験管A～Fに量が同じになるように分けました。だ液のはたらきを調べるために，だ液を入れるかどうかや温度などの条件を変えたビーカーにそれぞれ10分間つけたあと，ヨウ素液を加え，色の変化を調べました。次の表は実験の条件をまとめたものです。あとの問いに答えなさい。

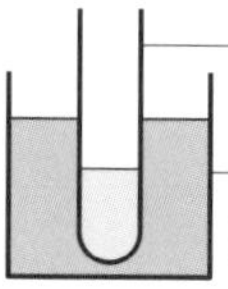

試験管		A	B	C	D	E	F
条件	だ液	入れない	入れない	入れない	入れる	入れる	入れる
	温度	5℃ の水	40℃ の湯	80℃ の湯	5℃ の水	40℃ の湯	80℃ の湯

1　ヨウ素液を加えた後の試験管BとEを比べてみると，どのようなことがわかりますか。次の文の(あ)～(え)にあてはまる言葉を，あとの**ア**～**キ**の中からそれぞれ1つずつ選び，記号を書きなさい。(各2点)

> 試験管Bは（　(あ)　）色となり，試験管Eは（　(い)　）色となる。このことから，ごはんの中にふくまれるあるものがだ液によって（　(う)　）されたために，試験管（　(え)　）の中にはあるものがふくまれないことがわかる。

ア　茶　　**イ**　青むらさき　　**ウ**　白　　**エ**　分解
オ　吸収《きゅうしゅう》　　**カ**　B　　**キ**　E

(あ)　　(い)　　(う)　　(え)

2　1の文章の下線で示されている「あるもの」とは何ですか。名前を書きなさい。(6点)

3　だ液のはたらきと温度の関係を調べるには，試験管A～Fの中のどれを比べればよいですか。3つ選び，記号を書きなさい。(6点)

4　3より，だ液がよくはたらく温度についてどのようなことがわかりますか。次の文の空らんにあてはまる言葉を漢字2字で書きなさい。(7点)

> だ液は（　　　）に近い温度で最もよくはたらくことがわかる。

2 図1の①～③は，月が見えている間の道すじを記録したものです。月が太陽と同時に空にあるときは，月は見えにくくなるため，そのときの道すじは「-----」と表しています。あとの問いに答えなさい。

図1

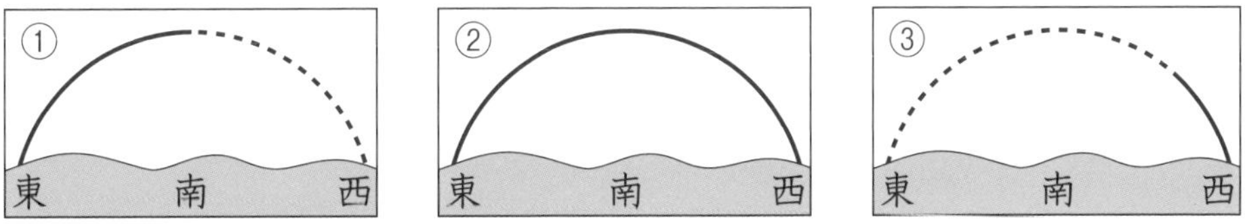

1 図1の①～③の月の道すじでえがかれていないのは，図2のA～Dのどの月ですか。1つ選び，記号を書きなさい。(4点)

図2

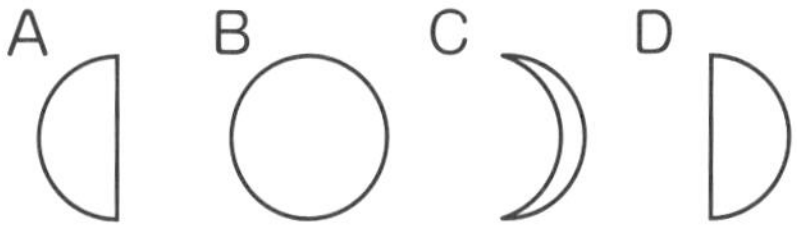

2 1で答えた月の道すじを，図1のように，月が見えるところは「——」で，太陽が空にあるために月が見えにくいところは「----」で，右の図に書きなさい。(6点)

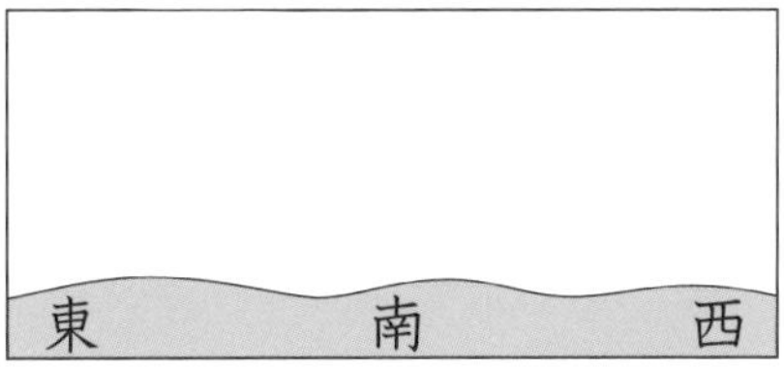

3 図2のAの月が見えた日から，およそ1週間前の月を，図2のA～Dの中から1つ選び，記号を書きなさい。(4点)

4 毎晩《まいばん》，同じ時刻《じこく》に月を観察すると，見える月の位置は，どの方角に少しずつずれていきますか。次の**ア**～**エ**の中から1つ選び，記号を書きなさい。(4点)

ア 東　**イ** 西　**ウ** 南　**エ** 北

5 図2のDの月は，Bの月からおよそ何日後に見えますか。次の**ア**～**エ**の中から1つ選び，記号を書きなさい。(6点)

ア 3日後　**イ** 7日後
ウ 14日後　**エ** 22日後

3 酸素について，次の問いに答えなさい。

1 酸素についての説明として正しいものを，次の**ア**～**ウ**の中から１つ選び，記号を書きなさい。(６点)

ア 空気中に，約 78％ふくまれている。

イ ものを燃やすはたらきがある。

ウ 石灰水《せっかいすい》を白くにごらせる。

2 右の図のような装置《そうち》を組み立て，固体Aにうすい液体Bを少しずつ注ぎ入れると酸素と水が発生します。AとBにあてはまるものを，次の**ア**～**エ**の中からそれぞれ１つずつ選び，記号を書きなさい。

(各４点)

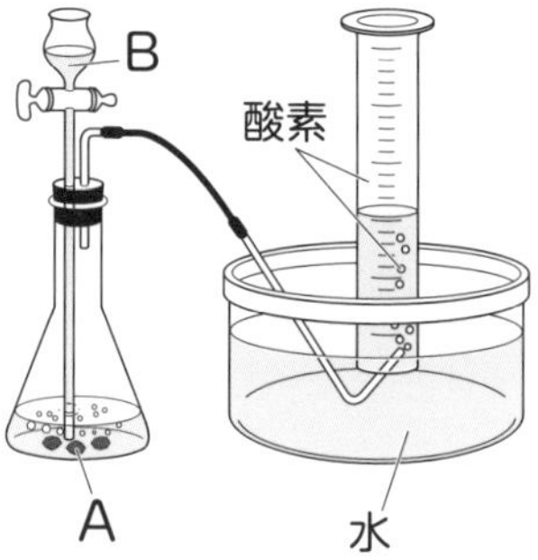

ア うすい過酸化水素水　　**イ** うすい塩酸

ウ 石灰石《せっかいせき》　　**エ** 二酸化マンガン

A　　B

3 図の液体Bがすべて反応すると，最初にあったBの重さは発生した酸素の重さとフラスコに残された水の重さの合計と同じになります。Bを 150g 加えて酸素の発生が止まるまで待ってから，フラスコに残された水の重さをはかると，147.48g でした。発生した酸素の体積は何Lですか。ただし，酸素１Lの重さは 1.4g とします。(８点)

4 ガスバーナーの使い方について，次の問いに答えなさい。(各６点)

1 右の図のねじAやねじBを開くとき，①，②のどちらに回しますか。記号を答えなさい。

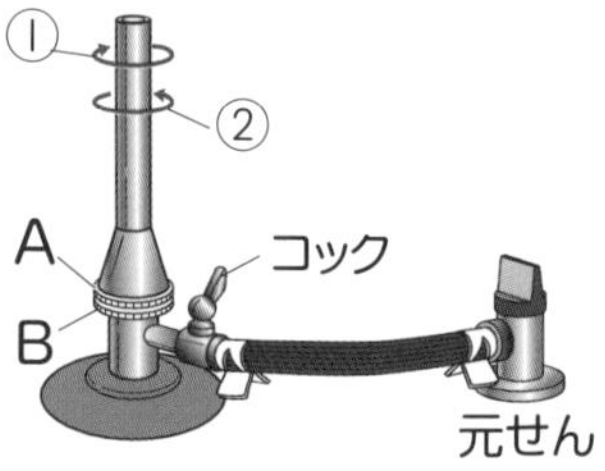

2　ガスの元せんとガスバーナーのコックを開いたあとの火をつける手順として正しいものを，次の**ア**～**エ**の中から1つ選び，記号を書きなさい。

ア　マッチの火を近づけ，Bを開いて火をつけ，BをおさえてAを少しずつ開く。

イ　マッチの火を近づけ，Aを開いて火をつけ，AをおさえてBを少しずつ開く。

ウ　Bを開き，マッチの火を近づけ火をつけ，BをおさえながらAを少しずつ開く。

エ　Aを開き，マッチの火を近づけ火をつけ，AをおさえながらBを少しずつ開く。

5　上皿てんびんの使い方について，次の問いに答えなさい。

1　上皿てんびんの使い方として正しいものを，次の**ア**～**エ**の中からすべて選び，記号を書きなさい。(6点)

ア　重い分銅《ふんどう》は指でつまみ，軽い板状の分銅はピンセットでつまむ。

イ　持ち運ぶときやしまうときは，皿を一方に重ねておく。

ウ　右ききの人は，重さをはかりたいものを左の皿にのせる。

エ　ものの重さをはかるとき，分銅は軽いものから順にのせていく。

2　次の文章は，砂糖《さとう》10gをはかり取るときの上皿てんびんの使い方について説明したものです。文章の（　①　）～（　③　）にあてはまる言葉を，あとの**ア**～**エ**の中から1つずつ選び，記号を書きなさい。(各3点)

> 前もってつり合わせた上皿てんびんの両側の皿に薬包紙をのせます。右ききの人の場合，（　①　）側の皿に10gの分銅をのせます。次に，砂糖を（　②　）側の皿に少しずつのせていき，針《はり》が左右に等しくふれてつり合ったら，のせるのをやめます。左ききの人の場合，上皿てんびんにのせるものを右ききの人と（　③　）にすると，操作《そうさ》しやすくなります。

ア　右　　**イ**　左　　**ウ**　同じ　　**エ**　反対

①　　②　　③

理科

2 確認《かくにん》テスト

学習日　月　日　得点　／100点

1　植物が葉などの緑色の部分で自らでんぷんなどの養分を作り出すことを，光合成《こうごうせい》といいます。光合成について調べるために，図のような葉の部分が白くなっている「ふ」入りのアサガオの葉を使って，次の実験を行いました。あとの問いに答えなさい。

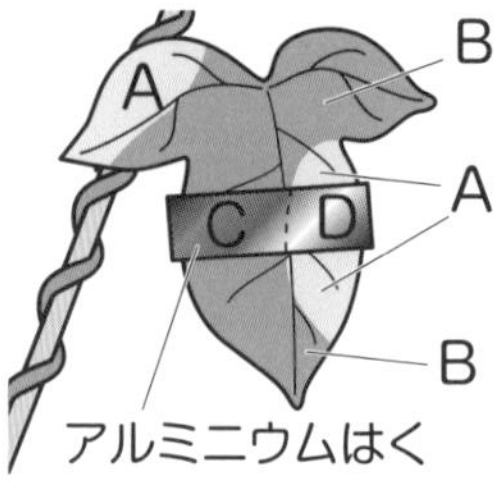

A：白色のふの部分
B：緑色の部分
C：アルミニウムはくでおおわれた緑色の部分
D：アルミニウムはくでおおわれた白色の部分

【実験】操作《そうさ》１　はち植えのアサガオを暗い部屋に入れて，１日置く。
操作２　夜明け前に，図のように，アサガオのふ入りの葉の一部をアルミニウムはくでおおう。
操作３　夜が明けたら，図のアサガオを日なたに出して日光に十分に当て，その日の午後に葉をつみとる。
操作４　葉を熱湯につけたあと，約 80℃ のエタノールにしばらくつける。
操作５　水の中で葉を洗《あら》う。
操作６　ヨウ素液に葉をひたし，図のA～Dの部分の色の変化を調べる。

1　操作１を行った理由を，簡単《かんたん》に書きなさい。（6 点）

2　操作４で，葉をエタノールにつけるのは何のためですか，簡単に書きなさい。（6 点）

3　操作６で，青むらさき色になったのはどの部分ですか。図のA～Dの中から１つ選び，記号を書きなさい。（6 点）

4　操作６でAとB，BとCをそれぞれ比べると，葉がでんぷんをつくるには何が必要かどうかがわかりますか。それぞれ書きなさい。（各 6 点）

AとB

BとC

2 右の図のような地層《ちそう》で，A～E層の一部を取って，そう眼実体《がんじったい》けんび鏡《きょう》で観察すると，次の①～④のことがわかりました。あとの問いに答えなさい。(各６点)

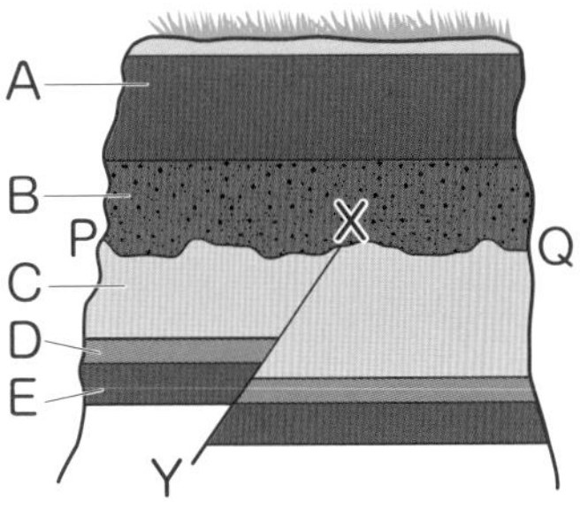

① AとEの層は，非常に細かいつぶからできていて，表面をさわるとすべすべしていた。

② Bの層は，ところどころに丸い小石が混ざっていた。

③ Cの層は，砂《すな》のつぶでできていて，表面をさわるとざらざらしていた。

④ Dの層は，ところどころに小さな穴《あな》があいていて，ルーペで見ると，角ばったつぶが見られた。

1 Aの層とBの層が海にたい積してできたとき，河口に近かったのはどちらでしたか。AかBで書きなさい。

2 Dの層を観察した結果から，過去にこの地域で起こったと考えられることを簡単に書きなさい。

3 X──Yのずれはの C～E層にどのような向きの力がはたらいたことによってできましたか。次の**ア**・**イ**のどちらかを選び，記号を書きなさい。例えば，**ア**の左向きの矢印（⬅）は，左に引かれる力を表しています。

ア

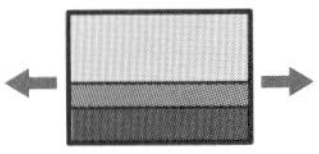

イ

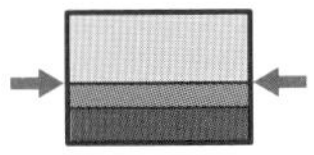

4 図の地層がつくられるまでに起こった次の**ア**～**エ**のできごとを，古い順に並《なら》べかえ，記号を書きなさい。ただし，この地域では地層の上下が入れかわったことはないものとします。

ア X──Yのずれが起こった。　　**イ** B，Aの順番で層がたい積した。

ウ E，D，Cの順番でそれぞれの層がたい積した。

エ P～～Qの面がけずられた。

→　→　→

3 てこと重さ10gの鉄でできたおもりをいくつか使って，力のつり合いについて調べました。一方のうでの2か所以上におもりがついている場合，そのうでを下にかたむけるはたらきは，そのうでについているそれぞれのおもりがうでを下にかたむけるはたらきをたし合わせることで求められます。次の問いに答えなさい。ただし，棒《ぼう》や糸の重さは考えないものとします。(各5点)

1 図1のように，支点から右に5cmの位置におもりを何個かつるすと，てこは水平になりました。図1の□につるした重りは何個か，書きなさい。

図1

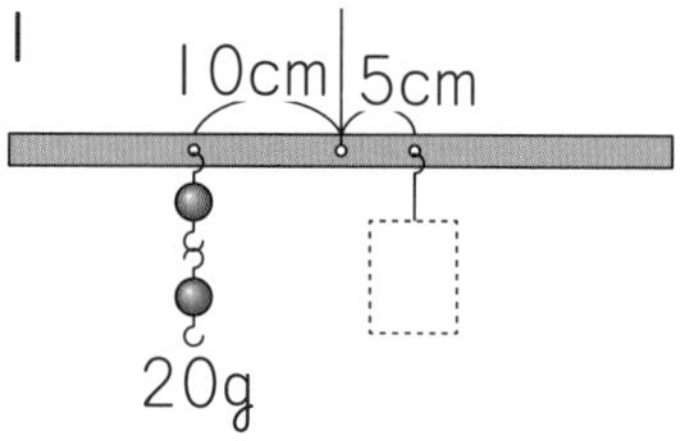

2 図2のようにおもりをつるすと，てこは水平になりました。図2の□にあてはまる数字を書きなさい。

図2

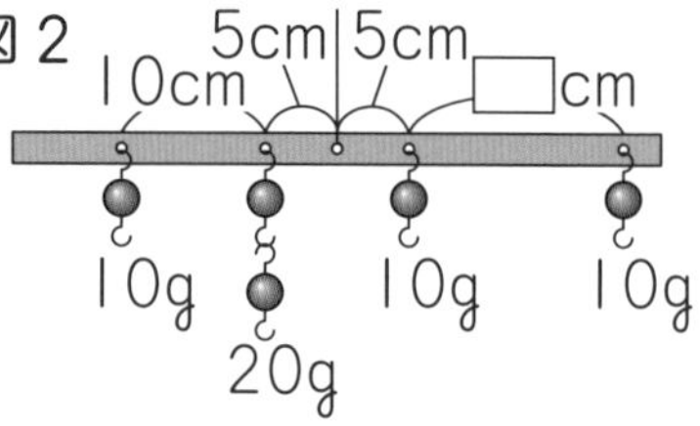

3 図3のように，支点の左右におもりを2個ずつつるしたところ，てこは水平になりませんでした。さらに，おもり2個を1か所につるして，てこを水平にするためには，おもりを支点から右に何cmのところにつるせばよいか書きなさい。

図3

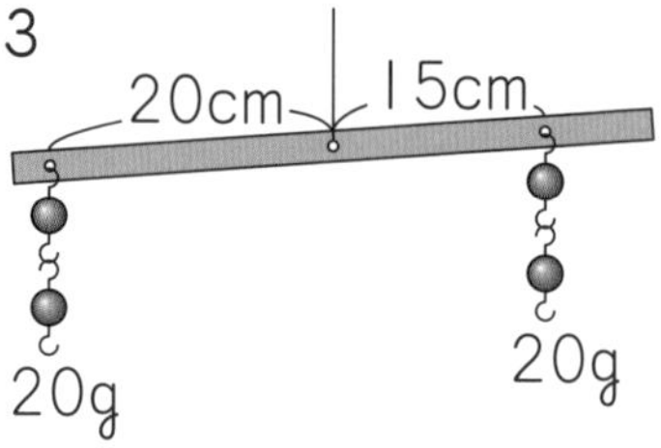

4 図4のように，おもりをつるして，支点の右側のおもりの下に棒《ぼう》磁《じ》石《しゃく》を置くと，てこは水平になりました。このとき，棒磁石がおもりを引く力は，おもり何個分になっているか書きなさい。

図4

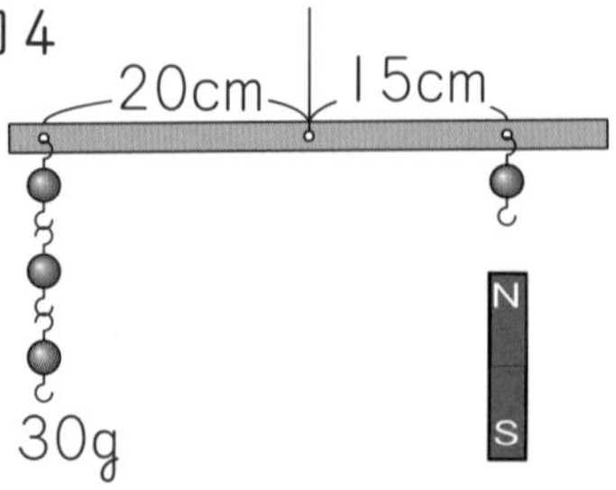

4　６本の試験管に，うすい塩酸を 10cm^3 ずつ入れ，そこにいろいろな量のアルミニウムを加えたところ，水素が発生しました。次の表は，加えたアルミニウムの重さと発生した水素の体積をまとめたものです。これについて，あとの問いに答えなさい。なお，塩酸は水に塩化水素という気体がとけた水よう液で，アルミニウムをとかすと，塩化水素が別のものに変化します。また，水素の体積はすべて同じ条件で測定しています。

アルミニウムの重さ（g）	0.1	0.2	0.3	0.4	0.5	0.6
発生した水素の体積（cm^3）	120	240	360	480	600	600

1　アルミニウムを 0.6g 加えても，発生した気体の体積がアルミニウム 0.5g を加えたときから増えていない理由を，簡単《かんたん》に書きなさい。（8 点）

2　420cm^3 の水素を発生させるには，この塩酸 10cm^3 にアルミニウムを何 g 入れればよいですか。（6 点）

3　この塩酸 20cm^3 にアルミニウムを 1.5g 入れたとき，何 cm^3 の水素が出てきますか。（6 点）

4　この塩酸 10cm^3 にアルミニウムを 0.6g 加えて，水素が発生し終わったあとに液体を蒸発《じょうはつ》させて残ったものは，どのような物質ですか。次の**ア**～**ウ**の中から１つ選び，記号を書きなさい。（6 点）

ア　アルミニウム

イ　アルミニウムとはちがう物質

ウ　アルミニウムとはちがう物質とアルミニウム

確認《かくにん》テスト

学習日　　月　　日　得点　　／100点

1　生き物は，ほかの生き物やまわりの環境《かんきょう》とかかわりながら生きています。次の図は，生き物どうしの食べたり食べられたりする関係と，生き物と気体のやりとりの一部を表したものです。➡は食べたり食べられたりする方向を表したもので，(生物A)➡(生物B)は，(生物A)が(生物B)に食べられることを表しています。→は生物と空気との間でやりとりされる**気体X**と**気体Y**の出入りを表しています。あとの問いに答えなさい。

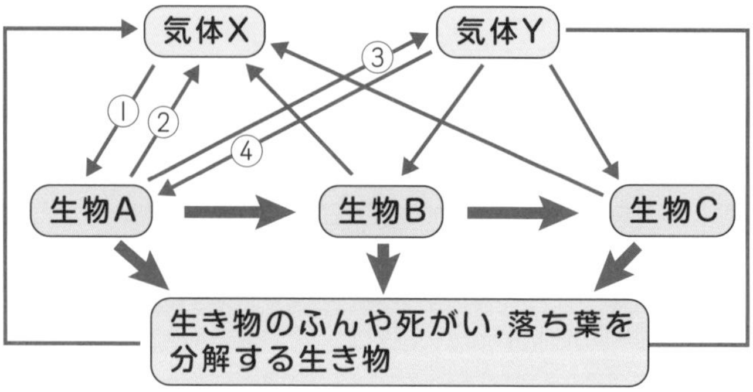

1　図の**気体X**と**気体Y**の名前を書きなさい。(各5点)

気体X　　　　気体Y

2　図の①～④のうち，呼吸《こきゅう》による気体の出入りを表しているものはどれですか。①～④の中からすべて選び，記号を書きなさい。(5点)

3　図の(生物A)，(生物B)，(生物C)にあてはまる生き物を，次の**ア**～**ウ**の中からそれぞれ1つずつ選び，記号を書きなさい。(各4点)

ア　カエル　　**イ**　エノコログサ　　**ウ**　ショウリョウバッタ

生物A　　　生物B　　　生物C

4　図の➡で表されているような，生き物どうしの「食べる・食べられる」の関係を何といいますか。言葉を書きなさい。(5点)

2 照明器具の１つに発光ダイオード(LED)を使用したものがあります。発光ダイオードには電池に対してつなぐ向きが決まっていて，図１のAのようにつないだときには電流が流れて光りますが，Bのようにつないだときには電流が流れず光りません。あとの問いに答えなさい。

(各６点)

図１

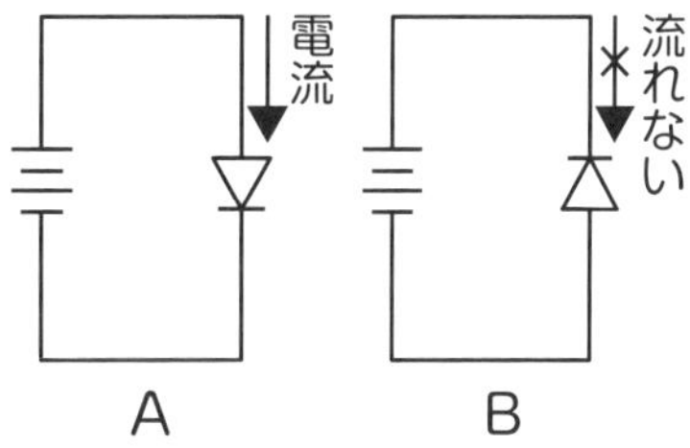

1　新しいかん電池を同じくらいの明るさで光る豆電球と発光ダイオードそれぞれに１つずつつないだとき，長い時間光っているのはどちらですか。次の**ア**～**ウ**の中から１つ選び，記号を書きなさい。

ア　発光ダイオード　　**イ**　豆電球　　**ウ**　どちらも同じ

2　図２の回路で光らない発光ダイオードを，**ア**～**キ**の中からすべて選び，記号を書きなさい。

図２

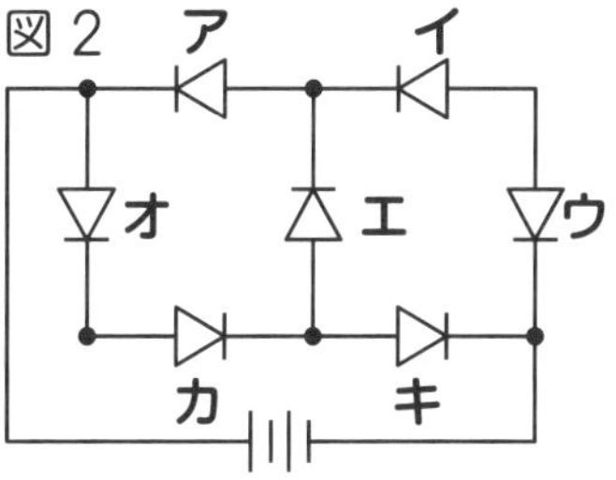

3　同じ種類の６つの発光ダイオード**ア**～**カ**を使って，図３のような回路をつくりました。○は発光ダイオードを示しており，その向きはわかりません。**ウ**と**エ**は，②と⑤の間に直列か並列《へいれつ》のどちらかでつながっています。③にかん電池の＋極を，④に－極をつないだところ，**イ**，**エ**，**オ**の３つの発光ダイオードが光りました。**ウ**と**エ**の発光ダイオードのつなぎ方は直列と並列のどちらですか。

図３

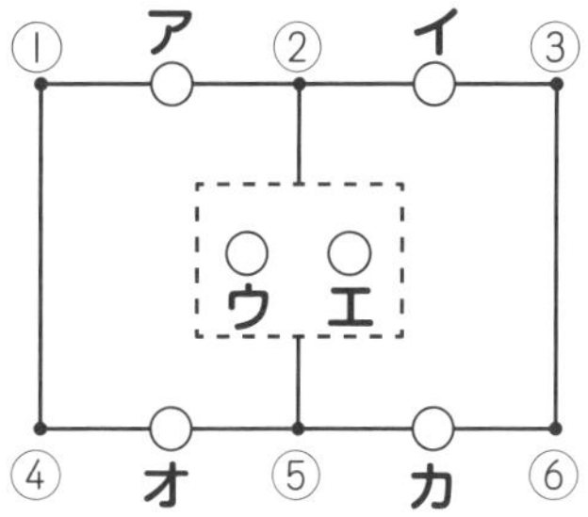

3　最近，人類の活発な活動により，地球の平均気温が少しずつ高くなってしまう地球温暖化《ちきゅうおんだんか》という現象がおきています。二酸化炭素は，温室効果ガスとよばれる気体の1つで，地球の平均気温を上昇《じょうしょう》させる原因の1つと考えられています。次のグラフは日本のある地域《ちいき》の二酸化炭素の濃度《のうど》を4年間調べたものです。各年1月，4月，7月，10月の順に二酸化炭素の濃度を表しています。なお，ppmとは100万分の1を表す単位で，100ppm=0.01%です。このグラフについて，あとの問いに答えなさい。

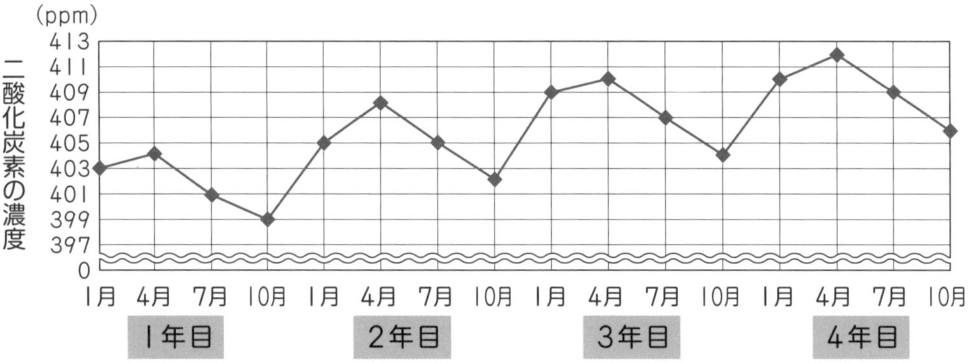

1　グラフから，各年4月の空気中の二酸化炭素の濃度を比べると，どのようなことが読みとれますか。次の**ア**～**エ**の中から1つ選び，記号を書きなさい。(6点)

ア　二酸化炭素濃度は，減ることなく年々増え続けている。
イ　二酸化炭素濃度は，増減している。
ウ　二酸化炭素濃度は，増えることなく年々減り続けている。
エ　二酸化炭素濃度は，どの年も変わらない。

2　グラフから，1年の間には，二酸化炭素の濃度が減少している時期もあることがわかります。二酸化炭素の濃度が減少する最も大きな理由を，次の**ア**～**ウ**の中から1つ選び，記号を書きなさい。(6点)

ア　動物の活動がにぶくなるから。
イ　植物の呼吸《こきゅう》が活発でないから。
ウ　春から夏にかけては光合成がさかんだから。

3　二酸化炭素が増えることに関係するものを，次の**ア**～**エ**の中から2つ選び，記号を書きなさい。(各6点)

ア　山などにたくさんの木を植える。　**イ**　森林を開発して住宅などをつくる。
ウ　自動車を多く利用する。　**エ**　水を節約して使う。

4 酸性の水よう液と，アルカリ性の水よう液を適量ずつ混ぜると，たがいの性質を打ち消し合い，中性の水よう液ができます。このことを中和《ちゅうわ》といいます。水酸化ナトリウムの水よう液と塩酸を混ぜて中和させると，食塩水ができます。水酸化ナトリウム 5g を水にとかして 500cm^3 とした水よう液を５等分し，それぞれにあるこさの塩酸を体積を変えて混ぜ合わせました。こうしてできた水よう液を，水よう液A～Eとします。

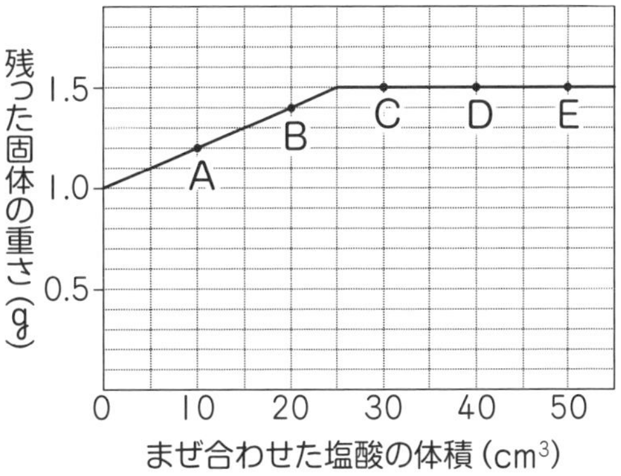

右上のグラフはA～Eの，混ぜ合わせた塩酸の体積と，そのあとで水を蒸発《じょうはつ》させたときに残った固体の重さの関係を表しています。あとの問いに答えなさい。

1 水よう液Aから，少し液を取り出して赤色のリトマス紙につけると，リトマス紙の色はどのように変化しますか。簡単《かんたん》に書きなさい。(6 点)

2 水よう液A～Eのうち，アルミニウムの粉末を加えると気体が生じるものをすべて選び，記号を書きなさい。(6 点)

3 水よう液Bから水を蒸発させたときに残った固体のうち，食塩は何 g ですか。(7 点)

4 水酸化ナトリウム 2g を水にとかして 300cm^3 とした水よう液にこの塩酸を加えて，水よう液全部を食塩水にするには，塩酸は何 cm^3 必要ですか。(7 点)

社会

1 確認《かくにん》テスト

学習日　　月　　日　　得点　　／100点

1 次の資料を見て，あとの問いに答えなさい。

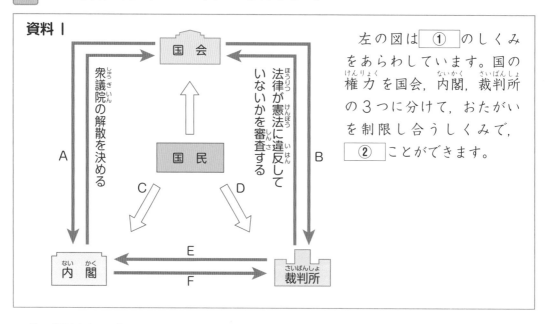

資料 I

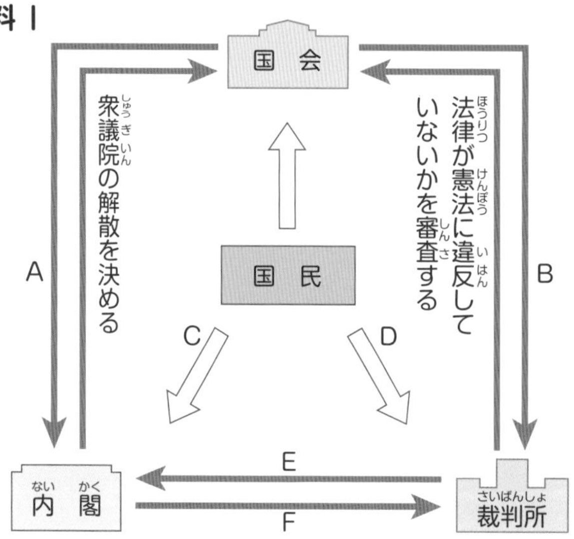

左の図は ① のしくみをあらわしています。国の権力《けんりょく》を国会，内閣《ないかく》，裁判所《さいばんしょ》の3つに分けて，おたがいを制限し合うしくみで，② ことができます。

1 **資料 I** の①にあてはまる言葉を，漢字4字で書きなさい。また，②にあてはまる内容を，「集中」という言葉を使って10字以内で書きなさい。(各5点)

①

②

2 **資料 I** の**A**～**F**の説明として正しいものを，次の**ア**～**カ**の中から1つずつ選び，それぞれ記号を書きなさい。(各5点)

ア 最高裁判所の長官を指名し，その他の裁判官を任命する。
イ 裁判官を裁《さば》く裁判をする。
ウ 内閣総理大臣を指名し，内閣の不信任を決議する。
エ 政治が憲法《けんぽう》に違反《いはん》していないかを審査《しんさ》する。
オ 国民審査
カ 世論《よろん》《せろん》

A	B	C	D	E	F

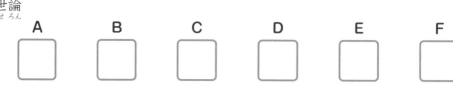

3 **資料１**の「裁判所」に関連して，次の説明文の[　　]にあてはまる言葉を書きなさい。(5点)

重大な犯罪に関する裁判に国民が参加し，有罪か無罪か，そして有罪であればどのような刑《けい》にするかを裁判官といっしょに決める[　　　　]制度は，満20才以上の国民から選ばれた人々が参加する制度です。

4 資料中の「衆《しゅう》議《ぎ》院《いん》の解散」について，**グラフ１**は1967年から2014年までの衆議院議員総選挙の全体の投票率，**グラフ２**はその年代別投票率です。２つのグラフから読み取れることとして正しいものを，次の**ア**～**エ**の中から１つ選び，記号を書きなさい。(5点)

グラフ１　**衆議院議員総選挙の全体の投票率**

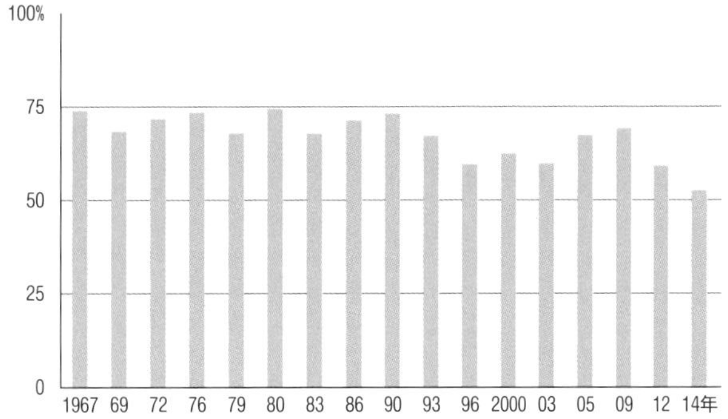

総務省ホームページより

グラフ２　**衆議院議員総選挙の年代別投票率**

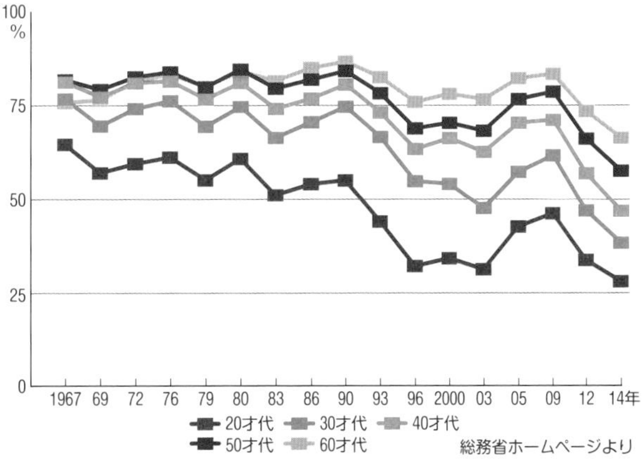

総務省ホームページより

ア　1967年から2014年まで全体の投票率は年々下がり続けている。

イ　年代別投票率では20才代の若者《わかもの》の投票率がすべての年でいちばん低い。

ウ　1967年から2000年までで全体の投票率がいちばん低かったときは，20才代の投票率が初めて50%を下回ったときである。

エ　高齢化《こうれいか》のため，2000年以降《いこう》の60才代の投票率が50才代を下回ることが多くなった。

2 次の説明文を読んで，あとの問いに答えなさい。

日本国憲法《けんぽう》には，国民主権《しゅけん》・基本的人権の尊重《そんちょう》・平和主義という３つの原則があります。①国民主権は「国の政治のあり方は，国民が決める」，基本的人権の尊重は「私《わたし》たちが生まれたときからもっている，人間らしく生きる権利を憲法では永久に保障《ほしょう》する」という考え方です。また，憲法では権利とともに②国民が果たさなければならない義務も定めています。③平和主義という点では，過去の戦争を反省し，二度と戦争をしないこと，また武力をもたないことを憲法で定めています。

1 説明文中の下線部①について，政治のあり方を国民が決める方法として正しいものを，次の**ア**～**エ**の中から１つ選び，記号を書きなさい。（5点）

ア 憲法を改正するときは国民投票をして，過半数の賛成があれば国会で話し合いが行われる。

イ 最高裁判所《さいばんしょ》裁判官は初めての参議院議員選挙のときに国民審査《しんさ》が行われる。

ウ 参議院議員と都道府県知事は30才になったら立候補《りっこうほ》ができる。

エ 地域《ちいき》に住んでいる人の３分の１以上の署名《しょめい》を集めたら，条例が制定できる。

2 説明文中の下線部②について，憲法が定めている国民の義務としてあてはまらないものを，次の**ア**～**エ**の中から１つ選び，記号を書きなさい。（5点）

ア 働く義務　　**イ** 税金を納《おさ》める義務

ウ 兵役の義務　　**エ** 子どもに教育を受けさせる義務

3 説明文中の下線部③について，右の**グラフ**は日本の平和と安全を守る自衛隊が活動するために使われる費用の推移《すいい》をあらわしたものです。この資料から読み取れることを，「割合《わりあい》」「防衛関係費」という言葉を使って書きなさい。（10点）

グラフ

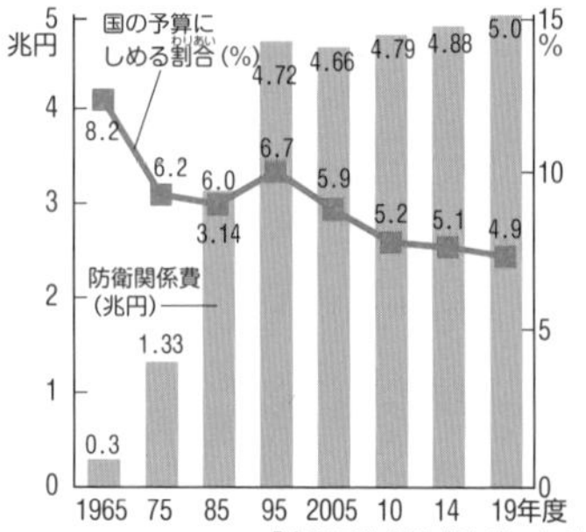

『令和元年版防衛白書』など

3 次の**A**～**C**のカードを見て，あとの問いに答えなさい。

A
あ は①聖徳太《しょうとくたい》子《し》が建立したと伝えられています。その一部は現存《げんぞん》する世界最古の木造建築といわれています。

B
②聖武天皇《しょうむてんのう》は，仏教の力で国を治めるため，奈良に東大寺《とうだいじ》を建て，大仏をつくりました。

C
大阪府堺《さかい》市にある仁《にん》徳天皇陵《とくてんのうりょう》古墳《こふん》は特色ある形をした日本最大の **い** です。多くのはにわが並《なら》んでいたと考えられています。

1 カード**A**～**C**をできごとが起こった順に並べかえなさい。(完答10点)

□ → □ → □

2 カード**A**とカード**C**の中の **あ** ・ **い** にあてはまる言葉をそれぞれ書きなさい。(各5点)

あ □ **い** □

3 下線部①について，次の文は，聖徳太子のおこなった政治についての説明です。㋐～㋓の中でまちがっている内容を1つ選び，記号を書きなさい。(5点)

㋐むすめを天皇のきさきにして政治の実権《じっけん》をにぎった聖徳太子は，㋑家柄《いえがら》に関係なく能力や功績で役人に取り立てる冠位十二階《かんいじゅうにかい》の制度や，㋒役人の心構えを示す十七条《じゅうしちじょう》の憲法《けんぽう》を定めました。また，小野妹子《おののいもこ》らを㋓隋《ずい》に派遣《はけん》し，進んだ制度や文化を取り入れました。

□

4 下線部②について，下の**図**は聖武天皇が使っていたものなどが納《おさ》められている倉庫です。この倉庫の名前を，次の**ア**～**エ**の中から1つ選び，記号を書きなさい。(5点)

ア 高床《たかゆか》倉庫　**イ** 金堂
ウ 寝殿造《しんでんづくり》　**エ** 正倉院《しょうそういん》

□

社会

2 確認《かくにん》テスト

学習日　月　日　　得点　／100点

1 はるきさんは，戦国時代から江戸《えど》時代の貿易について調べました。はるきさんのまとめた**説明文**と**図１・２**，**資料１・２**を見て，あとの問いに答えなさい。

〈説明文〉

日本との貿易の相手国を見ると，**図１**のころはスペイン・ポルトガルでしたが，**図２**のころでは中国・オランダに変わっています。スペインやポルトガルとちがい，宣教師《せんきょうし》を連れていなかったオランダと中国は［　①　］からです。
また，貿易の品を見ると，**図１**のころに多く輸入していた［　②　］は**図２**にはなく，代わりに［　③　］が多く輸入されるようになりました。これによって西洋の学問を学ぶ人々が増え，さまざまな学問が発展《はってん》しました。

図１　戦国時代

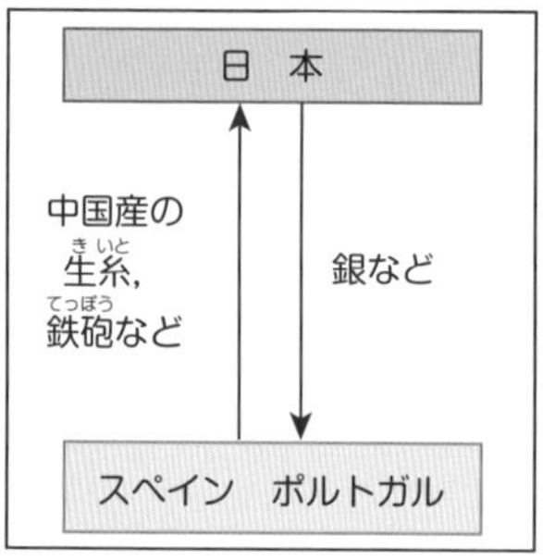

図２　江戸時代中期

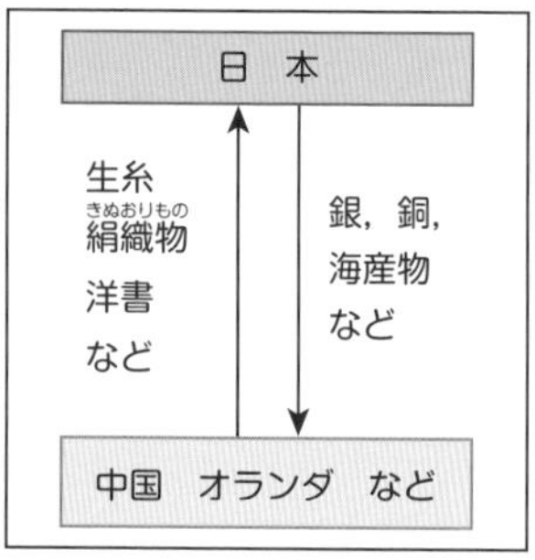

資料１

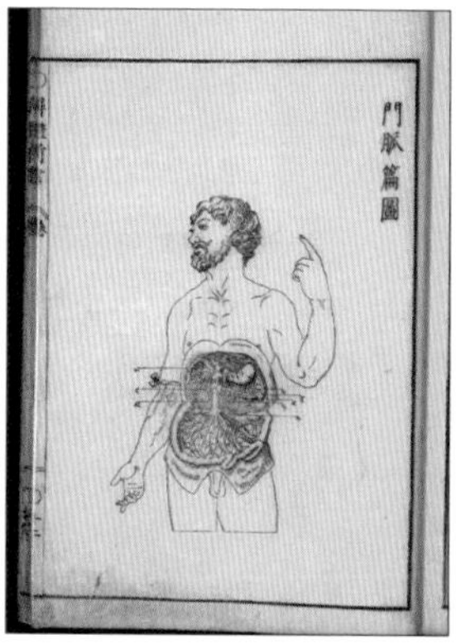

資料２

提供：Alamy/アフロ

1 ①に入る内容を，「キリスト教」という言葉を使って書きなさい。（10点）

2 ②・③に入る言葉を，**図１**・**図２**から探《さが》し，それぞれ書きなさい。（各５点）

②［　　　］　③［　　　］

3 下線部について，**資料１・２**に関する人物として正しいものを，あとの**ア**～**オ**の中から１つずつ選び，それぞれ記号で書きなさい。（各５点）

ア 杉田玄白《すぎたげんぱく》　**イ** 葛飾北斎《かつしかほくさい》　**ウ** 本居宣長《もとおりのりなが》　**エ** 伊能忠敬《いのうただたか》　**オ** 歌川広重《うたがわひろしげ》

資料１［　］　**資料２**［　］

2　なつみさんは，鎌倉《かまくら》時代と戦国時代に起きた戦いについて調べました。**資料1～3**と**説明文**を見て，あとの問いに答えなさい。

資料1

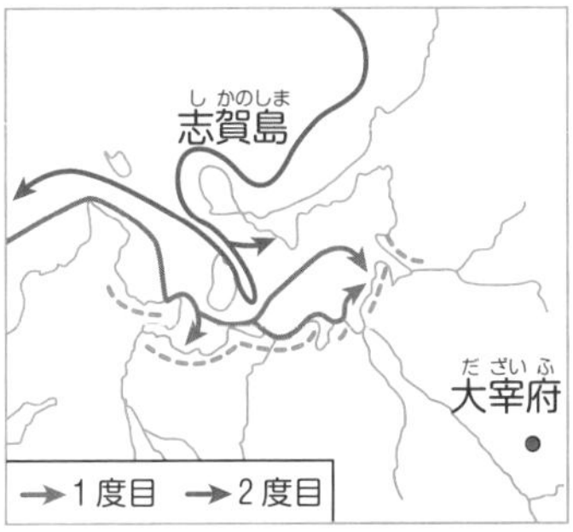

資料2

資料3

ア　　　イ

〈説明文〉

資料1は，元《げん》の大軍が2度にわたり九州北部をせめてきたときの，元軍の進路を示した地図です。1度目に比べて2度目の元軍の進路をふさぐことができた理由の1つに，**資料2**に見られるような対策《たいさく》を**資料1**の点線部でおこなったことがあげられます。また，**資料3**は長篠《ながしの》の戦いをえがいたもので，織田・徳川連合軍は［　①　］だと考えられます。武田軍のもつ武器とちがい［　　②　　］ことからそのように判断できます。

1　説明文中の下線部の対策の内容を，**資料1**と**資料2**を見て書きなさい。(10点)

［　　　　　　　　　　］

2　説明文中の①にあてはまる記号を，**資料3**の**ア**・**イ**から選びなさい。また，②にあてはまる内容を書きなさい。(①5点，②10点)

①［　　］

②［　　　　　　　　　　］

3 なつみさんは先生と，２つの時代の政治制度の図と地図を見ながら，話し合っています。あとの問いに答えなさい。

図１

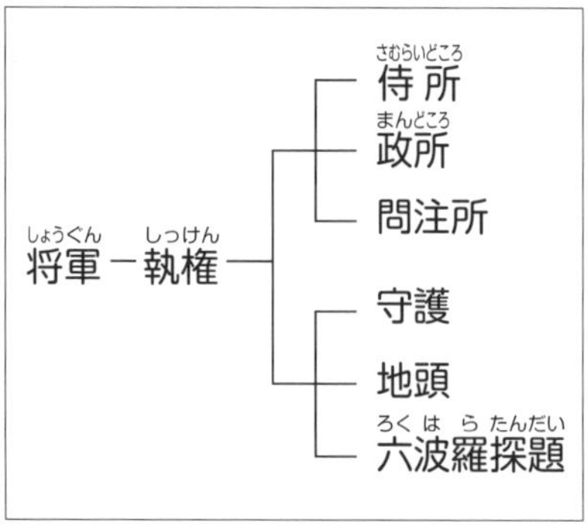

図２

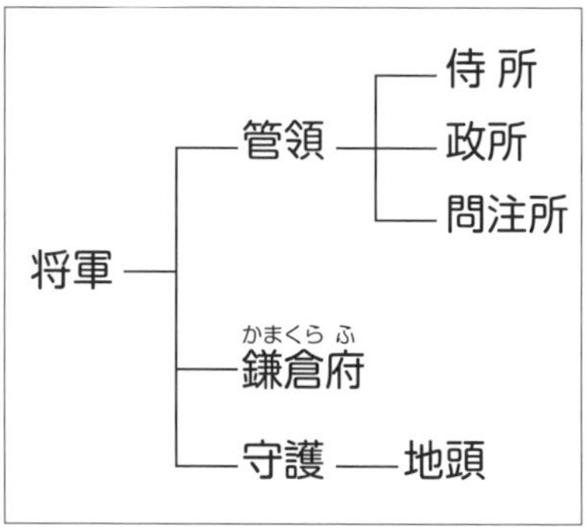

地図

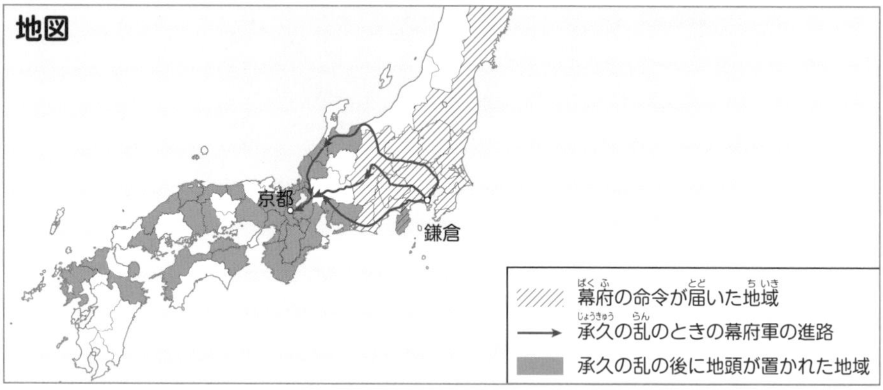

なつみ：**図１**と**図２**はよく似ていますね。

先生　：似ている部分が多いけれど，**図１**は[①]時代のものです。将軍《しょうぐん》の次の位になっている役職に注目すると，**図１**では執権《しっけん》となっていることからわかります。

なつみ：源氏《げんじ》の将軍が３代で絶え，<u>北条氏《ほうじょうし》</u>が実質的に政治をおこなっていたのでしたね。

先生　：幕府《ばくふ》がたおれるまで，北条氏の支配が続いていましたよ。その他にも，**図１**のみにある六波羅探題《ろくはらたんだい》は承久《じょうきゅう》の乱《らん》のあと，[②]をするという目的で置かれました。また**地図**からわかるように，西日本にも地頭を置くことができるようになったことから，幕府の支配する地《ち》域《いき》が[③]ことも大きなポイントです。

なつみ：**図２**を見ると，**図１**にはない管領《かんれい》と[④]が役職にありますね。

先生　：[④]は関東だけでなく現在の東北地方までを支配するために置かれたものですよ。

1 会話文中の ① にあてはまる言葉を書きなさい。(5点)

2 会話文中の下線部「北条氏」に関する説明として正しくないものを，次の**ア**～**エ**の中から１つ選び，記号を書きなさい。(5点)

ア 朝廷《ちょうてい》が幕府をたおす命令を全国に出したときに，武士を団結させる演説をおこなった。

イ 武士の裁判《さいばん》の基準となる御成敗式目《ごせいばいしきもく》をつくることで，支配力を強めた。

ウ 明《みん》(当時の中国) を支配しようと，２度にわたって朝鮮《ちょうせん》に大軍を送った。

エ 元《げん》からの服従《ふくじゅう》の要求を退《しりぞ》け，九州に武士を集めて戦いに備えた。

3 会話文中の ② にあてはまる内容を，「京都」「監視《かんし》」という言葉を使って書きなさい。(10点)

4 会話文中の ③ にあてはまる内容を，**地図**を参考に書きなさい。(10点)

5 会話文中の ④ にあてはまる言葉を書きなさい。(5点)

6 **図２**の時代のころの人物の説明として正しいものを，次の**ア**～**エ**の中から２つ選び，記号を書きなさい。(各５点)

ア 観阿弥《かんあみ》・世阿弥《ぜあみ》が大成した能などの伝統芸能をあつく保護した。

イ 平氏《へいし》を西国へと追いつめて，壇《だん》ノ浦《うら》の戦いで平氏をほろぼした。

ウ 障子《しょうじ》やふすまを用いるなど，現在の和室のもととなる書院造を取り入れた建物を建てた。

エ 参勤交代《さんきんこうたい》の制度を定め，将軍に服従させるしくみを作った。

社会

3 確認《かくにん》テスト

学習日　月　日　得点　／100点

1　次の**資料 1**～**4**とその説明文を見て，あとの問いに答えなさい。

資料 1　綿糸の生産と貿易の変化

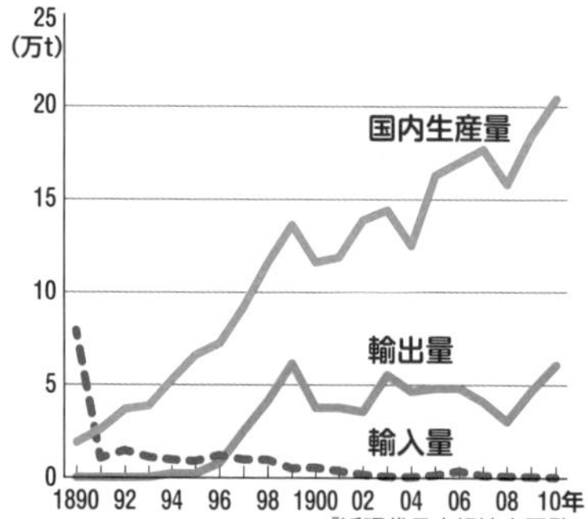

『近現代日本経済史要覧』

資料 2　工場数と働く人の変化

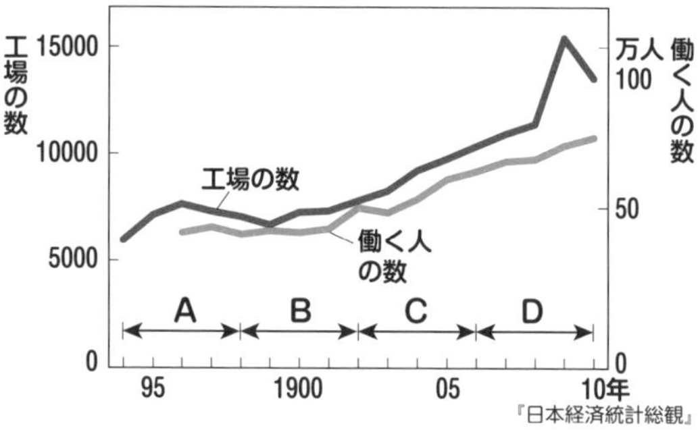

『日本経済統計総観』

資料 3　主要な輸出品目

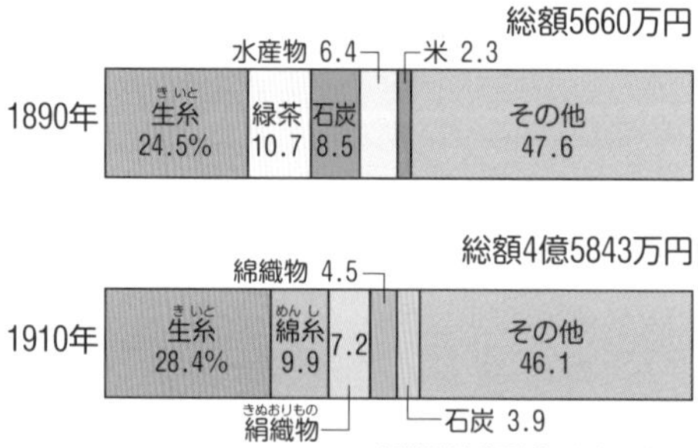

東洋経済新報社『日本貿易精覧』

資料 4　製糸工場で働く労働者の 1 日

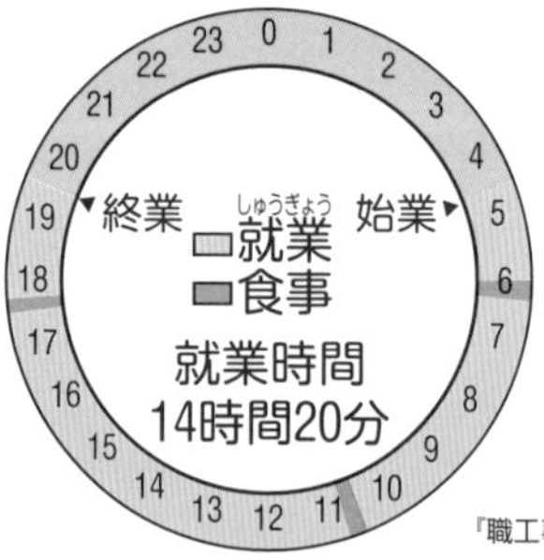

『職工事情』

> **資料 1** を見ると，1890 年から 1899 年ころまで綿糸の国内生産量が大はばに増えていったことがわかります。また，（ ① ）量が（ ② ）量に追いついた 1896 年から，工場や（ ③ ）の数も増加し始めたことが，**資料 2** からわかります。**資料 3** を見ると，1890 年に比べて，1910 年には生糸をふくむせんい製品の輸出割合《わりあい》は約（ ④ ）倍になっています。しかし一方で，**資料 4** のような（ ⑤ ）時間以上の労働など，工場労働者の労働環境が社会問題になりました。

1　説明文中の①～⑤にあてはまる言葉や数字をそれぞれ書きなさい。(各 5 点)

①

②

③

④

⑤

2 次の**資料5・6**は**資料2**中の**A～D**いずれかの時期に起こった出来事に関する風刺画《ふうしが》です。**A～D**のどの時期の出来事であるかを選び，それぞれ記号を書きなさい。(各5点)

資料5

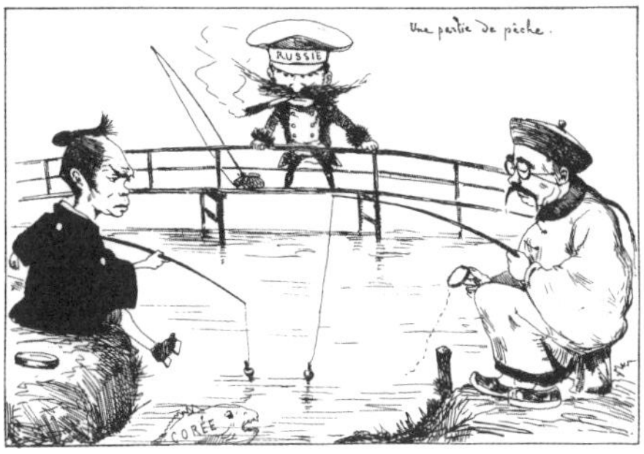

提供：アフロ

資料6

提供：Alamy/ アフロ

資料5 □　　**資料6** □

2 次の３人は，明治《めいじ》～大正《たいしょう》時代に活やくした人物です。それぞれの人物と関わりの深いカードを**ア～ウ**の中から１つずつ選び，記号を書きなさい。

(各5点)

野口英世《のぐちひでよ》

田中正造《たなかしょうぞう》

小村寿太郎《こむらじゅたろう》

ア

私《わたし》は1911年当時の外務大臣です。関税自《かんぜいじ》主権《しゅけん》の回復によって，日本は不平等条約の改正をなしとげ，欧米諸《おうべいしょ》国《こく》と対等な関係を築けるようになりました。

イ

私は，破傷風《はしょうふう》という病気の治りょう法を見つけた北里柴三郎《きたさとしばさぶろう》先生の研究所で研究にはげみ，南アメリカやアフリカで黄熱病《おうねつびょう》の研究をしました。

ウ

私は衆議院《しゅうぎいん》議員になり，地元にある足尾《あしお》銅山の鉱毒事件を政府に訴《うった》え，人々の生活を守る努力をしました。

野口英世 □　　田中正造 □　　小村寿太郎 □

3 国際社会について，次の説明文を読んであとの問いに答えなさい。

資料１は（ ① ）を説明した図です。石油などを燃やして発生する（ ② ）などの（ ③ ）ガスが地球を取り囲み，太陽からの熱がにげにくくなっています。南極などの氷河がとけて海水面の上昇《じょうしょう》が起こり，国土が海にしずむおそれのある国も出ています。このような環境《かんきょう》の悪化に対し，④国際連合は，（ ① ）の対策《たいさく》として，（ ③ ）ガスを減らす目標を定めました。未来を考え，豊かな生活と環境とのバランスを保つ「持続可能な社会」を実現するため，今後もより一層《いっそう》，⑤国際的な協力が求められています。

1 説明文中の①～③にあてはまる言葉を，次の**ア**～**ケ**の中から１つずつ選び，それぞれ記号を書きなさい。（各５点）

① ② ③

ア	酸素	**イ**	二酸化炭素		
ウ	窒素《ちっそ》	**エ**	フロン	**オ**	メタン
カ	温室効果	**キ**	砂漠化《さばくか》		
ク	酸性雨	**ケ**	地球温暖化《おんだんか》		

資料１

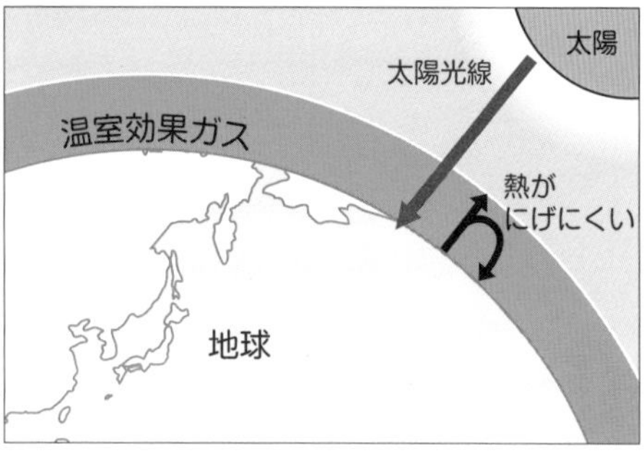

2 説明文中の下線部④について，**資料２**は国際連合の運営に必要な分担金《ぶんたんきん》の国別割《わり》合《あい》をあらわしています。下の説明文を読んで，グラフ中の**A**～**C**にあてはまる国名をそれぞれ書きなさい。（各５点）

分担金の割合が一番多い **A** は，北アメリカにある国で国際連合の本部があります。２位の **B** はアジアにある大国で，国際連合の常任理事国として，国際社会をリードしています。３位の **C** は，国際連合には発足《ほっそく》当初から加盟《かめい》していたわけではなく，1956年に加盟しました。

資料２

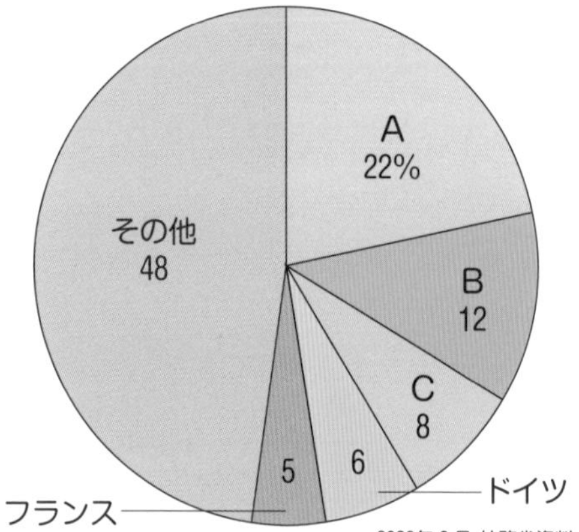

2020年２月 外務省資料

A **B** **C**

3　説明文中の下線部⑤について，次の**資料3～5**から読み取れることをまとめた説明文の①～④にあてはまる言葉を，それぞれ書きなさい。（各5点）

資料3　青年海外協力隊の地域別派遣実績（累計）

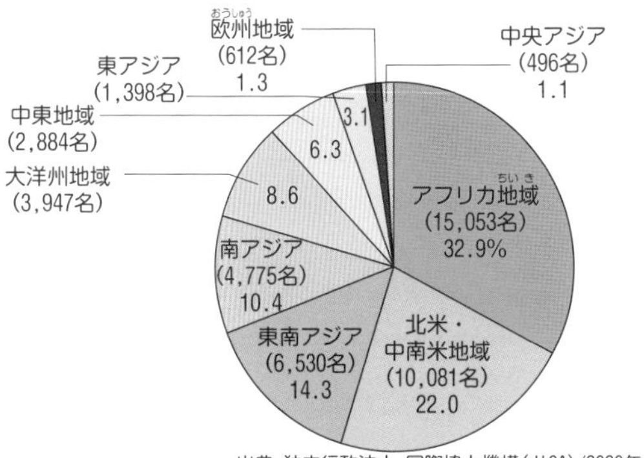

出典：独立行政法人 国際協力機構（JICA）/2020年

資料4　青年海外協力隊の分類別派遣実績（累計）

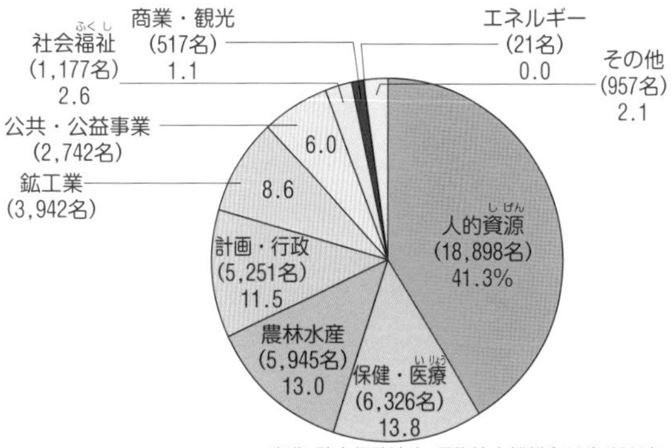

出典：独立行政法人 国際協力機構（JICA）/2020年

資料5　貧困層《ひんこんそう》（1日1.9ドル未満で生活する人口）の割合

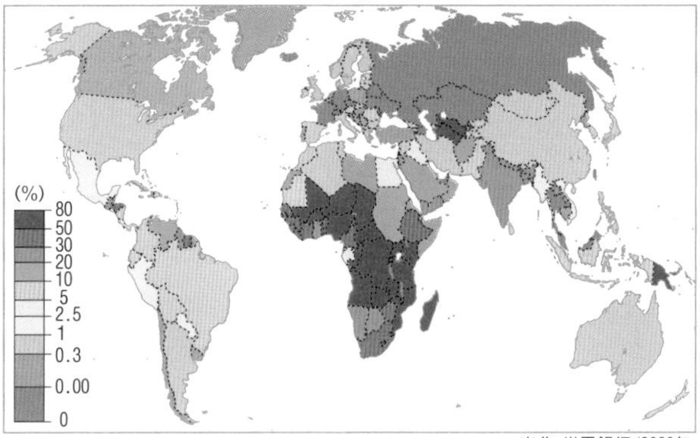

出典：世界銀行/2020年

日本をふくめ多くの先進国が，社会環境の不十分な国に対し，資金や技術を提《てい》供《きょう》しています。現地へおもむき，特定の分野の知識・技術を持つ人たちが活やくしている青年海外協力隊もその一例で，**資料3**から，アジアや［　①　］地域《ちいき》が青年海外協力隊の派遣《はけん》される地域として最も多く，**資料5**から［　②　］の割合が高い地域であることが読み取れます。また，**資料4**から派遣される人々の職種は教育やスポーツの指導などの［　③　］の分野が最も多く，次いで看護師《かんごし》や助産師などの［　④　］の分野が多いことがわかります。

①

②

③

④

英語　単語リスト

■50ページからのテストに取り組む前に単語を確かめましょう。

■職業

W-01

a pianist
ピアニスト

a teacher
先生，教師

a pilot
パイロット

an artist
芸術家，美術家

a vet
獣《じゅう》医《い》

a bus driver
バスの運転手

a flight attendant
客室乗務員

a florist
花屋さん

a baseball player
野球選手

a cook
コック，料理人

a singer
歌手

a farmer
農家

an astronaut
宇《う》宙《ちゅう》飛行士

a comedian
コメディアン

□ a doctor	医者	□ a police officer	警察官《けいさつかん》
□ a baker	パン屋さん	□ a musician	音楽家
□ a firefighter	消防《しょうぼう》士《し》	□ a soccer player	サッカー選手

□ a basketball player　バスケットボール選手
□ a figure skater　フィギュアスケートの選手

■ものの様子

W-02

□ wonderful	すばらしい	□ exciting	わくわくする
□ beautiful	美しい	□ great	すばらしい
□ famous	有名な	□ fun	楽しい

■すること W-03

☐ sing	歌う	☐ cook	料理する
☐ dance	おどる	☐ ski	スキーをする
☐ skate	スケートをする	☐ ride a bike	自転車に乗る
☐ watch baseball	野球を観戦する	☐ play soccer	サッカーをする
☐ read a book	本を読む	☐ listen to music	音楽をきく
☐ play cards	カードゲームをする	☐ draw pictures	絵をかく
☐ make cakes	ケーキを作る	☐ study English	英語を勉強する
☐ take a walk	散歩する	☐ enjoy camping	キャンプを楽しむ

■自然 W-04

☐ mountain	山	☐ river	川
☐ sea	海	☐ beach	浜《はま》辺《べ》
☐ lake	湖	☐ valley	谷
☐ hill	丘《おか》		

■教科 W-05

☐ P.E.	体育	☐ math	算数
☐ Japanese	国語，日本語	☐ science	理科
☐ social studies	社会	☐ English	英語
☐ moral education	道徳	☐ music	音楽
☐ arts and crafts	図画工作		

■街にあるもの W-06

☐ park	公園	☐ library	図書館
☐ museum	博物館，美術館	☐ hospital	病院
☐ station	駅	☐ police station	警察署《けいさつしょ》
☐ fire station	消防署《しょうぼうしょ》	☐ post office	郵便局《ゆうびんきょく》
☐ zoo	動物園	☐ temple	寺院
☐ shrine	神社	☐ church	教会
☐ pool	プール		

■学校行事 W-07

☐ school trip	修学旅行	☐ sports day	運動会
☐ music festival	音楽会	☐ field trip	遠足
☐ swimming meet	水泳大会	☐ chorus contest	合唱コンクール
☐ school festival	学校祭		

英語

1 確認《かくにん》テスト

学習日　　月　　日

1 さとるとまこが雑誌《ざっし》を見ながら話をしています。音声を聞いて，まこがしょうかいしている人物を**ア**～**ウ**から1つ選び，記号で答えましょう。 01

まこ  さとる

ア 

イ 

ウ 

□

2 音声を聞きましょう。ゆり，あみ，けんたの３人が好きな色や教科はそれぞれ何と言っていますか。合うものを線で結びましょう。 02

ゆり

●

●

yellow

あみ

●

●

green

けんた

●

●

science

3 下の会話を読んで，①メアリーが得意なこと，②メアリーができることをそれぞれ日本語で書きましょう。

What are you good at, Mary?
I'm good at playing the piano. I can cook well.

しんじ　　メアリー

①

②

4 音声を聞きましょう。あなたに質問をします。まずは，声に出してその質問に英語で答えましょう。そして，答えた文を**4線**に書きましょう。　03

5 りかが，この夏の思い出を発表しています。①，②の **4 線**にあてはまるものを下の▢から選んで書き，絵に合うスピーチを完成させましょう。

Hi, class.

This summer, I went to the ① ______________ .

I enjoyed ② ______________ .

Thank you.

river	mountain	swimming	camping

6 音声を聞きましょう。しょうたが，出かけた場所とそこでしたことを話します。あなたはしょうたになったつもりで感想を言ってみましょう。そのあとに，その英文を **4 線**に書きましょう。感想は，It was で文を始めます。 🔊 04

____

____

しょうた

[感想となる単語のヒント]

fun「楽しい」　interesting「おもしろい」　good「よい」

nice「すてき」　wonderful「すばらしい」　beautiful「美しい」

7 じゅんとゆかがお父さんと話しています。音声を聞いて，ゆかがしたいことを▢に日本語で書きましょう。

05

じゅん　　　ゆか

▢ こと。

8 りょうたがジェーンに動物園のパンフレットを見せて，そこに書かれている内容を説明しています。音声を聞いて，**ア**～**ウ**の英文をりょうたが話した順番に並《なら》べましょう。

06

ジェーン　りょうた

ア We have a zoo in our town.
イ We can eat lunch, too.
ウ We can see many animals there.

▢ → ▢ → ▢

確認《かくにん》テスト

学習日　　月　　日

1 　ボブが，けいこの町について質問をしています。２人の会話を聞いて，けいこの町にあるものとないものを下の**ア**～**エ**から１つずつ選び，記号で答えましょう。

07

ア

イ

ウ

エ

あるもの □　　ないもの □

2 　ようじがナンシーと公園に来ました。ようじの説明と合うものはどちらですか。音声を聞いて，**ア**，**イ**から１つ選んで，記号で答えましょう。

08

ア

イ

□

3 先生が３人の子どもに質問をしています。①～③の会話の内容と合うものはどれですか。**ア～ウ**から１つずつ選び，記号で答えましょう。 09

ア

イ

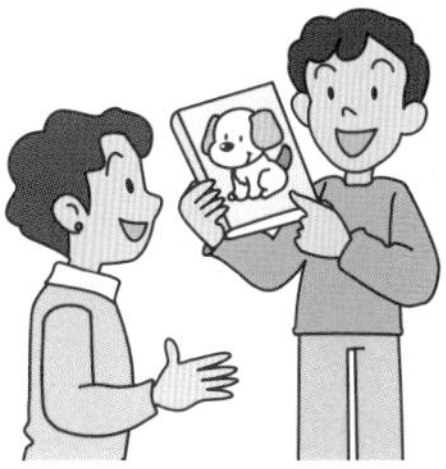

ウ

① □ ② □ ③ □

4 音声を聞きましょう。あなたに質問をします。

①まずは，声に出してその質問に英語で答えましょう。そのあとに，答えた文を**４線**に書きましょう。答えるときは，I want to be で文を始めます。 10

I want to be

②次に，I like ～ **.** や I want to ～ **.** を使って①の理由を伝える文を書きましょう。そのあとに，声に出して読みましょう。

I

5 ゆりとトムが，中学校で入りたいクラブについて話しています。音声を聞いて，トムが入りたいクラブとその理由を日本語で書きましょう。 11

ゆり　　トム

入りたいクラブ

理由　　　　　　　　　　　　から。

6 音声を聞きましょう。たくやが，中学校でがんばりたいことについて発表しています。スピーチの内容と合うものを**ア**～**ウ**から1つ選び，記号で答えましょう。 12

ア

イ

ウ

7 あみが小学校のいちばんの思い出と中学校で楽しみたいことについてスピーチをしています。音声を聞いて，小学校のいちばんの思い出と中学校で楽しみたいことをそれぞれ**ア**～**ウ**から１つずつ選び，記号で答えましょう。 🔊 13

ア 運動会　　**イ** 音楽会　　**ウ** 水泳大会

小学校のいちばんの思い出 ☐　　中学校で楽しみたいこと ☐

8 まりが，中学校でしてみたいことについてスピーチをしています。音声を聞いて，①，②の **4線**にあてはまるものを下の☐から選んで書きましょう。 🔊 14

Hello, everyone.
What do you want to do at junior high school?

I want to ① ＿＿＿＿＿＿＿＿＿＿ .

I want to ② ＿＿＿＿＿＿＿＿＿＿ , too.

Thank you.

join the tennis club
enjoy the music festival
read many books
practice basketball hard

初日の研修会員どうしでの対局はなんとか勝ちこしたが、2日目の奨励会員《しょうれいかいいん》との対戦では1勝もあげられなかった。技術よりも*気魄《きはく》で圧倒《あっとう》されて、祐也は落ちこんだ。

「みんな、鬼《おに》のようだった。②おれは、とてもあんなふうにはなれない」

内心で白旗をあげながらも、祐也は両親と兄にむかい、来年こそは奨励会試験《しょうれいかいしけん》に合格してみせると意気ごみを語った。両親と兄も、がんばるようにと言ってくれた。しかし、将棋《しょうぎ》にうそはつけない。祐也は研修会の対局でさっぱり勝てなくなった。

中学校の勉強もしだいに難《むずか》しくなり、2学期の中間テストではどの教科も10点以上点数をさげた。数学と理科にいたっては赤点に近かった。おどろいた両親はテストの解答用紙を見て、祐也がいかに勉強していなかったかを見ぬいた。二人とも教師だけに、感情にまかせてどなることはなかったが、祐也は［　　］。

「将棋《しょうぎ》と勉強を両立させてみせるというおまえのことばを信じてきたが、あれはうそだったのか」

「将棋《しょうぎ》のプロになれるかどうかが不安で勉強が手につかなかったというなら、もう将棋《しょうぎ》はさせられないぞ」

おもに父が話し、母は悲しそうな顔でじっと考えこんでいた。2学期の期末テストで点数がさらに落ちるようなら将棋《しょうぎ》はやめると、祐也はちかった。

*気魄…力強く立ち向かっていく精神力。

(3) ［　　］にあてはまる言葉として正しいものを次の中から一つ選び、記号を○で囲みなさい。（10点）

ア 身につまされた

イ 矢も楯《たて》もたまらなかった

ウ 立つ瀬《せ》がなかった

エ 背《せ》に腹《はら》はかえられなかった

(4) 文章の内容にあうものを次の中から一つ選び、記号を○で囲みなさい。（10点）

ア 祐也《ゆうや》は学校の勉強を後回しにして、奨励会試験《しょうれいかいしけん》に合格するために将棋《しょうぎ》に集中している。

イ 祐也は勉強をしたい気持ちのほうが強くて将棋《しょうぎ》に身が入らない。

ウ 祐也は勉強と将棋《しょうぎ》を両立させようとしたが、どちらもよい結果になっていない。

エ 祐也は勉強をぎせいにしてでも棋士《きし》になりたいと考えている。

佐川光晴《さがわみつはる》『駒音《こまおと》高く』（実業之日本社刊）

4 次の文章を読んで、あとの問いに答えなさい。

祐也《ゆうや》は、勉強ではとても兄にかなわなかった。父も母も、それはしかたがないと思っているようなのがくやしかった。

「①絶対に棋士《きし》になってやる」

祐也は毎日のようにちかったが、負けたくない気持ちが先に立ち、思いきった将棋《しょうぎ》が指せなくなっていた。とくに自分より実力が上のCクラスが相手だと、ほとんど勝てない。これでは、まぐれで奨励会試験《しょうれいかいしけん》に合格しても、そこから先はさらに険しい道のりになる。金剛《こんごう》さんも、江幡《えばた》さんも、奨励会《しょうれいかい》の途中《とちゅう》でプロになるのを断念していた。

しかし、プロの棋士《きし》になる以外に、国立大学の医学部に現役《げんえき》で合格した兄とかたを並《なら》べる方法はない。棋《き》士《し》になれば、兄に対して引け目を感じなくて済《す》む。

中学生になってから、祐也は夜中に目をさますことが増えた。授業中も、ふと気がつくと将棋《しょうぎ》のことを考えている。反対に、将棋《しょうぎ》を指しているときには、学校の勉強をおろそかにしていることが気になってしまう。

それでも、1学期の成績はそこそこ良かった。がんばれば、もっと点を取れたはずだが、8月半ばに2度目の奨励会試験《しょうれいかいしけん》をひかえていたので、祐也は期末テストの前日もネット将棋《しょうぎ》を5局も指した。

それだけに、奨励会試験《しょうれいかいしけん》には万全の態勢でのぞんだ。

(1) ——①とありますが、祐也《ゆうや》はなぜそう思っているのですか。文章中の言葉を使って二十五字以内で書きなさい。(15点)

(2) ——②とありますが、「あんなふうになる」とはどういうことですか。「気魄《きはく》」という言葉を使って書きなさい。(15点)

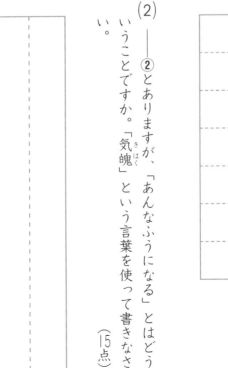

(6) □□《りんじ》バスが運行する。

(7) □□《らんぱく》をあわだてる。

(8) 児童会に□□□《りっこうほ》する。

(9) 期限通りに<u>納品</u>する。（　　　　）

(10) <u>降雨</u>量を測る。（　　　　）

---

3 次の会話文の――の敬語の使い方が正しければ○を、まちがっていれば正しく直したものを書きなさい。（各6点）

田中「はじめまして、私はお父様の部下の田中と(1)<u>おっしゃいます</u>。お父様は(2)<u>いらっしゃいますか</u>。」

ぼく「田中さん、はじめまして。(3)<u>お父さん</u>は、外出中です。帰ったらお電話をするように伝えておきます。」

(1) □

(2) □

(3) □

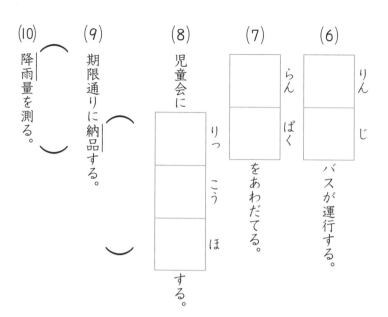

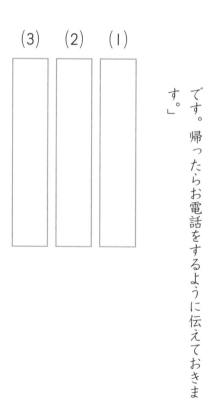

国語

5 確認《かくにん》テスト

学習日　月　日

得点　／100点

1 □には漢字を書きなさい。また、（　）には読みがなを書きなさい。（各2点）

(1) 運動会が□《えん》□《き》になる。

(2) 虫めがねで□《かく》□《だい》して見る。

(3) 政治□《かい》□《かく》を公約にかかげる。

(4) 夜店で□《しゃ》□《てき》を楽しむ。

(5) □《せい》□《い》を伝える。

2 次の(1)・(2)の——を、（　）の指示に従《したが》い、敬語《けいご》を使った表現に直して書きなさい。（各6点）

(1) 兄は少しおくれて<u>来る</u>。（「ていねい語」に）

(2) 私《わたし》が館内を<u>案内する</u>。（「お（ご）〜する」の形に）

って生きる社会。そしてロボットに仕事をうばわれた失業者たちで、街がいっぱいになる社会。そこにあるのは、「希望」だろうか、「絶望」だろうか？

たとえ絶望であっても、目を閉《と》じてはならない。しっかりと現実を直視しよう。

世界全体を巻《ま》きこんだ「安い人が選ばれる時代」。

人間さえも必要としない「ロボットに仕事をうばわれる時代」。

これは、いまきみたちの足元で動いている、「現在進行形の未来」なのだ。

そんな未来に、どう立ち向かえばいいのか？

残念ながら大人たちは、その答えを知らない。

ここまでの話を聞いて、「なんて不幸な時代に生まれてしまったんだ」「なんておそろしい未来なんだ」と頭をかかえたくなったかもしれない。

でも、きみたちに朗報《ろうほう》だ。

②未来には、ひとつだけいいところがある。

それは、「未来は、つくることができる」という点だ。

だれが未来をつくるのか？

きみたちだ。

[A]に生きる大人たちに、[B]をつくる力はない。21世紀の第一世代として、きみたちの手で、きみたちだけの未来をつくっていくのだ。

瀧本哲史《たきもとてつふみ》『ミライの授業』（講談社刊）

(3) ——②とありますが、このことを表した言葉を次の中から一つ選び、記号を○で囲みなさい。（15点）

ア 焼け石に水

イ 不幸中の幸い

ウ 飛んで火に入《い》る夏の虫

エ 論《ろん》より証拠《しょうこ》

(4) 〰〰とありますが、これについて、筆者はどのようなことを考えていますか。次の中から一つ選び、記号を○で囲みなさい。（15点）

ア 若者《わかもの》たちよりロボットの方が優秀《ゆうしゅう》なので、未来に立ち向かうすべがない。

イ ロボットに仕事をうばわれないように、若者にはしっかり技術を身につけてほしい。

ウ 若者には現実を直視《ちょくし》し、ロボットが働き手の中心になった社会に対応できる未来を自分たちでつくってほしい。

エ 若者たちには、大人に答えを教えてもらいながら未来を切り開いてほしい。

4 次の文章を読んで、あとの問いに答えなさい。

ある調査によると、この先10〜20年のあいだに、働く人の約半分がロボットに仕事をうばわれかねない、という試算が出ている(野村《のむら》総合研究所発表)。たとえば、日本人ならではの「匠《たくみ》の技術」が評価されてきた工場労働者。かれらの仕事は、すべてロボットに取って代わられる。「匠《たくみ》」たちが何十年もかけて身につけてきた技術も、コンピュータが一瞬《いっしゅん》にしてコピーしてしまう。しかもロボットは、「お腹《なか》がすいた」とも「休みがほしい」とも言わない。「給料を上げてくれ」と文句を言ってくることもない。24時間黙々《もくもく》と働いてくれる、最強の労働者だ。①人間に勝ち目はないだろう。

さらに人工知能の発達によって、コンピュータの頭《ず》脳《のう》は、人間の脳をこえはじめている。チェス、囲碁《いご》、将棋《しょうぎ》などの名人クラスを次々と撃破《げきは》するコンピュータは、やがてオフィスのなかにも進出してくるだろう。事務や経理は、うばわれやすい仕事の筆頭だ。

その他、タクシーやバスの運転手は自動操縦装置《そうじゅうそうち》に仕事をうばわれるだろうし、警備員《けいびいん》や清掃員《せいそういん》の仕事などは、明日ロボット化されたとしても不思議ではない。

ロボットがものをつくり、ロボットがものを売る社会。ロボットに監視《かんし》されながら、ロボットの命令に従《したが》

(1) ——①とありますが、なぜですか。それを説明した次の文の□の文字数にあうように文章中から言葉を書きぬきなさい。（各5点）

「匠《たくみ》」たちが何十年もかけて身につけてきた□□を一瞬《いっしゅん》でコピーしてしまうし、休むことなく黙々《もくもく》と□□□□□□最強の労働者だから。

(2) A・Bに入るものとしてふさわしい言葉の組み合わせを次の中から一つ選び、記号を○で囲みなさい。（10点）

ア A 仕事　B 世界
イ A 世界　B 希望
ウ A 未来　B 仕事
エ A 過去　B 未来

(6) 式典中は□□《しご》をつつしむ。

(7) □□《てんまど》から光が差しこむ。

(8) 旅行を□□《ぞんぶん》に楽しむ。

(9) 富士山の頂上に立つ。（　　）

(10) 潮風にふかれる。（　　）

意味を打ち消す関係になっているもの。

3

次の(1)～(3)の三字熟語と同じ組み立てのものをあとの**ア**～**カ**の中から二つずつ選び、（　）に記号を書きなさい。また、どのような組み立てになっているかをあとの**あ**～**お**の中から一つずつ選び、□に記号を書きなさい。（両方できて各5点）

(1) 等身大（　・　）□

(2) 心技体（　・　）□

(3) 正反対（　・　）□

ア 上中下　**イ** 言語学　**ウ** 高確率
エ 大自然　**オ** 社会科　**カ** 天地人

あ 二字熟語の下に一字つけたもの。
い 二字熟語の上に一字つけたもの。
う 二字熟語の下に「的・化・性」などをつけて性質を表したもの。
え 上に「不・非・未・無」などの語がつくことによって、下の二字熟語の意味を打ち消す関係にあるもの。
お 三字が対等の関係にあるもの。

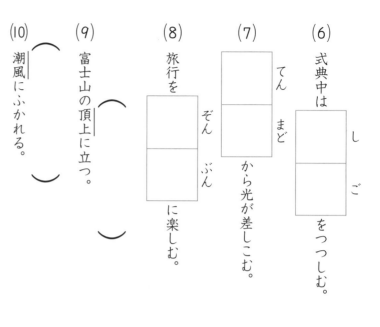

国語

4 確認《かくにん》テスト

学習日　月　日

得点　／100点

1 □には漢字を書きなさい。また、（　）には読みがなを書きなさい。（各2点）

(1) 飛行機を□□《そうじゅう》する。

(2) □《われ》に返る。

(3) □□《かんたん》な問題。

(4) □□《きぬいと》の手ざわり。

(5) □□□《かいすうけん》を買う。

2 次の(1)〜(3)の熟語《じゅくご》と同じ組み立てのものをあとの**ア**〜**カ**の中から一つずつ選び、（　）に記号を書きなさい。また、その種類をあとの**あ**〜**か**の中から一つずつ選び、□に記号を書きなさい。（両方できて各5点）

(1) 温暖《おんだん》（　）□

(2) 再開（　）□

(3) 登山（　）□

ア 乗車　**イ** 熱帯　**ウ** 寒冷

エ 往復　**オ** 国立　**カ** 未定

あ 反対や対《つい》の意味の漢字を組み合わせたもの。

い 似た意味の漢字を組み合わせたもの。

う 上の漢字が下の漢字を修飾《しゅうしょく》(説明)する関係にあるもの。

え 「〜を」「〜に」という形で、下の漢字から上の漢字にかえって読むと意味が通じるもの。

お 上の漢字と下の漢字が主語・述語の関係にあるもの。

か 上に打ち消しの語がつくことによって、下の漢字のか、さもなくば争い合う。

いつだったか、教師たちが「言語の統一」について話していたのを覚えている。□ヨーロッパ諸国《しょこく》がみな同じ言葉をしゃべるようになれば誤解《ごかい》が減り、平和になるという考え方だ。

だが一方で、

「そんなことになったら、自分たちがとなりの国と同じになる」

と反発する人々もいるという。隣人《りんじん》とは異なるからこそ、自分が自分でいられるのだと。

こうしたことはどこでも起こるのだと私は教師たちから教えられた。地域《ちいき》、学校、企業《きぎょう》などで、人は多くの「隣人《りんじん》」を作り出す。自分が「隣人《りんじん》」と見られるのをおそれ、同胞《どうほう》たちと同じ話題、同じ言葉、同じふるまいを心がける。それでますます「隣人《りんじん》」とへだたってゆく。

ゆえに「隣人《りんじん》を愛せ」と教師たちは言った。そうすれば争いの大半はなくなるのだと。

言うのは簡単《かんたん》だが、実際は難《むずか》しい。子どもにとってはなおさらだ。成長のための競争は、隣人《りんじん》への無関心と敵意《てきい》とすぐに一緒《いっしょ》くたになる。しかしだからといって隣人《りんじん》を愛さない限り平和な気持ちは持てないし、平和な気持ちを持つ人ほど、結局、だれからも好かれるものだ。

「一番となりに来てほしくない人と仲良くなれるよう

(3) □にあてはまる言葉を次の中から一つ選び、記号を○で囲みなさい。（10点）

ア しかし
イ たとえば
ウ なぜなら
エ さらに

(4) ——③とありますが、筆者は息子《むすこ》にどのような人になることを望んでいるのですか。次の中から一つ選び、記号を○で囲みなさい。（15点）

ア となりに来てほしくない人が来てもその人と仲良くなってしまうほど、付き合いの上手な人。
イ となりに来てほしくない人の名前を親にすら秘密《ひみつ》にしておくことができるほど、口のかたい人。
ウ となりに来てほしくない人がいないとはっきり言えるほど、周りの人に興味をもたない人。
エ となりに来てほしくない人と言われても思いつかないほど、他人に対する好ききらいのない人。

4

次の文章を読んで、あとの問いに答えなさい。

夕食どき、息子《むすこ》が冷蔵庫《れいぞうこ》にはられた小学校の学級連《れん》絡《らく》表をじっと見つめているので、どうかしたのかときいた。

「明日、席がえなの。○○くんのとなりになれたら良いなあ」

子どもにとって無視《むし》できない楽しみであり不安であろう。そしてそれは①社会に出てからも付きまとう人の心の働きだ。

隣家《りんか》に住まう相手や、会社などで共に働く相手次第で、天国にも地獄《じごく》にもなることはだれしも経験があるだろう。

私《わたし》は幼少《ようしょう》のころ、海外のインターナショナルスクールにいた。そこでは席がえがなかった。それぞれ好きな席に座《すわ》り、気の合う友人たちと固まる。そのため教師たちは、あえて異《こと》なるグループに属する子ども同士で課題を行わせた。いわば毎日、席がえが行われていたわけだ。

そんな学校生活で教師たちが教えようとしていたのは、②「隣人《りんじん》を愛する」という態度だった。なぜなら人間はほとんどの場合、「隣人《りんじん》」と争うからだ。

子どもたちがグループを作ることで生まれるのは仲間意識や競争意識だけではない。たくさんの「隣人《りんじん》」である。この「隣人《りんじん》」同士は交わらずに無関心になる

がんばりな」

私はクラスメートの名前を見つめる息子に言った。

息子はきょとんとなった。

「そんな人いないよ？」

親として、③その答えを大人になっても持ち続けて欲《ほ》しいと願うばかりである。

冲方丁《うぶかたとう》「隣人」（日本文藝家協会編著『ベスト・エッセイ2015』光村図書出版刊）

(1) ――①とありますが、どのような心の働きなのですか。次の中から一つ選び、記号を○で囲みなさい。（15点）

ア 自分のよく知らない相手ともうまく付き合っていきたいと願う心の働き。

イ 自分と意見の異《こと》なる人とかかわることで成長したいと願う心の働き。

ウ 自分がうまく付き合っていける相手と共に過ごしたいと願う心の働き。

エ 自分が楽しく過ごせる相手とはどのような人かを知りたいと願う心の働き。

(2) ――②とありますが、これと対照的な態度を文章中から十字で探《さが》し、書きぬきなさい。（10点）

(6) 研究に［　　］《じゅうじ》する。

(7) 余ったものを［　　］《しょぶん》する。

(8) ［　　　］《しょうがいぶつ》を取り除《のぞ》く。

(9) 注文を承る。（　　）

(10) 画像を縮小する。（　　）

---

3 次の文の□にあてはまる言葉を入れて、ことわざを完成させなさい。また、そのことわざと反対の意味のことわざを、あとの**ア**～**エ**の中から一つずつ選び、（　）に記号を書きなさい。（両方できて各6点）

(1) 「下手の□」というように、父は長年囲碁《いご》を打っているが、全然上達しないらしい。

［　　　　］・（　　）

(2) テスト勉強をまったくしていない。「あとは野となれ□」で当日になってしまった。

［　　　　］・（　　）

ア 旅の恥《はじ》はかき捨《す》て
イ 立つ鳥あとをにごさず
ウ 好きこそものの上手なれ
エ 岡目八目

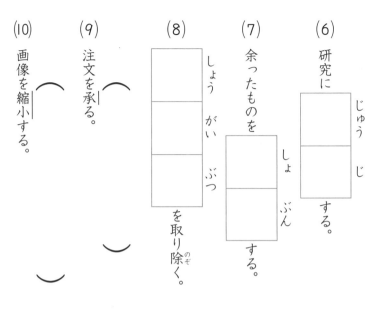

国語

3 確認《かくにん》テスト

学習日　月　日

得点　／100点

1

□には漢字を書きなさい。また、（　）には読みがなを書きなさい。（各2点）

(1) 大通りに□□《わかもの》が集まる。

(2) □□《うみぞ》いの家。

(3) 成功を□《おさ》める。

(4) □□《すいちょく》に線を引く。

(5) □□《きずぐち》を手当てする。

2

次の文章の(1)・(2)は慣用句の一部です。(1)・(2)にあう言葉をそれぞれ漢字一字で□に書きなさい。また、——(3)の意味にあうことわざをあとのア〜ウの中から一つ選び、（　）に記号を書きなさい。（各6点）

学校でいたずらが見つかった。自分たちは関係なかったのに、痛《いた》くもない（(1)）をさぐられてとても気分が悪かったが、犯人はときどき学校にやってくるねこだとわかって（(2)）をなでおろした。今回は自分たちは無関係だったけれど、(3)まったく根拠《こんきょ》がなければうわさはされないという言葉もあるので、ふだんから行動には気をつけなければ疑《うたが》われてしまうのだと思った。

ア　火を見るより明らか
イ　火のないところに煙《けむり》は立たぬ
ウ　火中の栗《くり》を拾う

(1) □　(2) □　(3) （　）

て」
「ちがう？」
「草にも一年草とか多年草があるのは知ってるよね？」
「うん。学校で習った」
「木は長いものだと何千年も生きる。一年草はたった一年。でも、種になって冬をこすんだよね。木はひとつの大きな身体で何年も生きている。草は身体を変えて、やっぱりずっと生きている。ほんとは同じことなんじゃないか、って。植物たちにとっては、身体が変わるのもひとつの身体であり続けるのも、生きているのにちがいがないのかもしれない、って」
梢はおばあちゃんのほたほたのほおをじっと見つめた。
「時期が来ると木は葉を落とし、また新しい葉が出て来る。あの葉っぱの一枚《いちまい》一枚が一年草と同じようにそれぞれ生きてるって考えてもいい。ひとつひとつの長い短いじゃない、生命にとって大事なのは、命が続いてくことだけなんじゃないか、って」
「でも……人間は？　その人が死んじゃったら、その人の考えていたことは全部消えちゃうよね。記憶《きおく》も、やりたかったことも」
たしかに命は続いていくかもしれない。②でも……。
「そうかなあ」
おばあちゃんの声がした。
「人間も、同じなんじゃないかな。子どものときには

(3)　――②とありますが、梢《こずえ》はどのように考えていますか。（15点）

(4)　――③とありますが、どういうことですか。次の中から一つ選び、記号を○で囲みなさい。（10点）

ア　自分と子どもは別の存在《そんざい》なので、記憶《きおく》も別の形に変わってしまうのだということ。
イ　自分がやりたいと思うことは、子どもが親になるころには簡単《かんたん》にかなうものだということ。
ウ　自分のしてきた苦労は、子どもが経験せずに済《す》むようにしてやりたいということ。
エ　自分の考えていることや希望は、子どもに受けつがれて続いていくのだということ。

4 次の文章を読んで、あとの問いに答えなさい。

「ねえ、おばあちゃん」

街灯のほんのりした光をぬけたとき、梢《こずえ》はぼそっと言った。

「□」

「えっ？」

梢の質問に、おばあちゃんははっとしたように足をとめた。しばらくじっとだまっている。

「わからない」

おばあちゃんが言った。しずかな声だった。

「きっとわたしたち生き物には、その答えはわからないんだよ。いくら考えてもね。答えを知ってるのは神さまだけ」

おばあちゃんが息をつく。

「でもね、みんな死んじゃうって、ほんとにそうなのかな。おばあちゃん、年を取ってから、①そうじゃないような気もしてきたんだよ」

おばあちゃんがくすっと笑った。

「え？」

梢はおばあちゃんの横顔を見た。

「おじいちゃんも、年取ってから言ってたんだよ。わたしたち人間は、木や草がひとつひとつ独立して生きてると思ってる。だから木は長生きで、草の命は短い、と感じる。だけど、ちがうんじゃないかなあ、っ

そう思わないかもしれないけど。死んだらもちろん自分は消える。けど、子どもは……。親になるとね、③子どもが自分の未来だって思うようになるんだよ」

ほしおさなえ『お父さんのバイオリン』（徳間書店刊）

(1) □にあてはまるものを次の中から一つ選び、記号を○で囲みなさい。（10点）

ア 生きてることと死ぬことのちがいって何だろう

イ 生きてるものって、なんでみんな死ぬんだろう

ウ 生きてるって、いったいどういうことなんだろう

エ 生きてる意味って、いつになればわかるんだろう

(2) ——①とありますが、植物ではどうだとおばあちゃんは言っていますか。文章中から四十三字で探《さが》し、初めと終わりの五字をそれぞれ書きぬきなさい。（15点）

□□□□□ 〜 □□□□□

(6) □□□□《ゆうびんばんごう》を調べる。

(7) 山頂《さんちょう》からの□□《しかい》が良好だ。

(8) 海の□□《きけん》な生物。

(9) 銭湯に通う。（　　）

(10) 赤い口紅をつける。（　　）

3 次の(1)～(3)は対義語、(4)～(6)は類義語の組み合わせになるように、あてはまる言葉をあとの［　］の中から一つずつ選び、漢字に直して□に書きなさい。（各3点）

(1) 理想 ↕ □□

(2) 終了《しゅうりょう》 ↕ □□

(3) 先祖 ↕ □□

(4) 便利 ― □□

(5) 厚意 ― □□

(6) 短所 ― □□

みらい　かいし　けってん　げんじつ
しんせつ　ちょうほう　かんたん　しそん

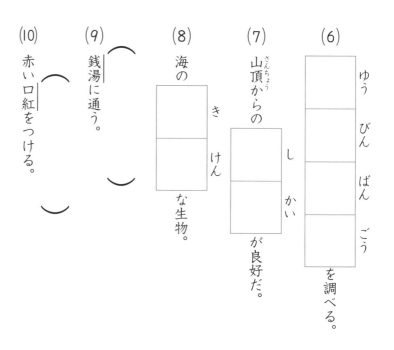

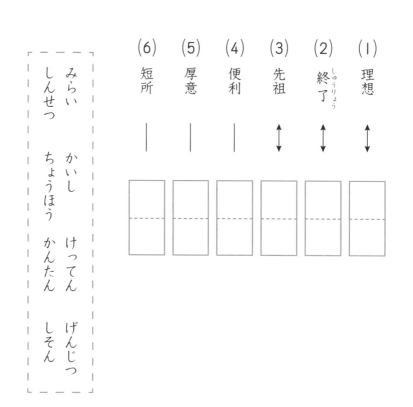

国語

2 確認《かくにん》テスト

学習日　月　日

得点　／100点

1 □には漢字を書きなさい。また、（　　）には読みがなを書きなさい。（各2点）

(1) 見事に□《ちゅう》□《がえ》りをきめる。

(2) 街角に□《かん》□《ばん》をかかげる。

(3) 水分が□《じょう》□《はつ》する。

(4) 話し合って結論に□《いた》る。

(5) □《げっ》□《かん》□《し》を買う。

2 次の(1)・(2)は対義語（意味が反対、または対《つい》になる言葉）の組み合わせに、(3)・(4)は類義語（意味が似ている言葉）の組み合わせになるように、それぞれあとの**ア〜ウ**の中から一つずつ選び、（　）に記号を書きなさい。（各3点）

(1) 単純《たんじゅん》 ↔ （　　）　**ア** 雑然　**イ** 往復　**ウ** 複雑

(2) 人工 ↔ （　　）　**ア** 加工　**イ** 無機　**ウ** 天然

(3) 無事 ――（　　）　**ア** 安心　**イ** 安全　**ウ** 安易

(4) 手段《しゅだん》 ――（　　）　**ア** 方法　**イ** 法律《ほうりつ》　**ウ** 合法

たが、地元の人びとには故障の原因がわからず、わかったとしても部品を手に入れる手段《しゅだん》とお金、交換《こうかん》する技術はなかったのです。

エチオピアの例のように、ふつう、ほった井戸の維《い》持《じ》と管理は、援助《えんじょ》を受けるほうがおこなうこととされていますが、②実際にはなかなかうまくいきません。井戸は、維持《いじ》や管理が比較的《ひかくてき》かんたんだとされていますが、それでもうまくいかないわけですから、さらに管理に手間のかかる給水栓《きゅうすいせん》や浄水《じょうすい》設備は、動かなくなったという理由で使われなくなり、放置されていることがよくあります。技術を提供するだけでなく、その後の管理のノウハウを根づかせることが必要なのです。

橋本淳司《はしもとじゅんじ》『水問題にたちむかう』(文研出版刊)

(3) ——②とありますが、その理由を説明した次の文の□の文字数にあうように文章中から言葉を書きぬきなさい。(各5点)

地元の人びとに□□□□がわからなかったり、わかったとしても修理に必要な部品を□□□□□□□や買う□□がなかったり、実際に部品を交換する□□がなかったりするから。

(4) 文章の内容として正しいものを次の中から一つ選び、記号を○で囲みなさい。(10点)

ア 開発途上国《とじょうこく》に対しては、維持《いじ》や管理にお金がかかるようなものはつたえるべきではない。

イ 開発途上国《とじょうこく》に新しい技術や設備をつたえる場合、維持《いじ》や管理はつたえる側の責任でおこなうべきだ。

ウ 開発途上国《とじょうこく》では、維持《いじ》や管理の難《むずか》しい技術や設備を使おうとするのは不可能である。

エ 開発途上国《とじょうこく》に技術や設備の提供を行う場合、維持《いじ》や管理の方法を根づかせることが大切だ。

4 次の文章を読んで、あとの問いに答えなさい。

現在、水不足のおきている地域《ちいき》に、援助《えんじょ》などによっていろいろな解決方法や技術が提供《ていきょう》されています。Ａ、提供された解決方法がうまく機能しないこともあります。

①新しい技術や設備を開発途《と》上国《じょうこく》などにつたえる場合、それらがその土地の気候や、使う人びとの経済《けいざい》状況《じょうきょう》などにあっていることが大切です。最初は援助《えんじょ》によって導入できても、部品が高価であったり、とりよせるのに時間がかかったりするものでは、つづけて利用するのはむずかしくなります。身近なところで材料が調達でき、費用が安く、エネルギーをあまり必要とせず、使いかたがかんたんで、継続的《けいぞくてき》に利用可能な技術や設備が必要なのです。

技術や設備は、提供するほうも受けるほうも、さまざまなことを学ばなくてはなりません。提供するほうは、費用と技術の面でその土地にあっているかを学び、受けるほうは水や衛生についての基本的な知識と、提供された施設《しせつ》の運営や管理方法について学ぶ必要があります。

Ｂ、エチオピアで井戸を整備し、地元の人びとが井戸をほれるように機械をおいてきたものの、数年後には、ほった井戸の半分以上が使われなくなっていたという例があります。その理由はポンプの故障《こしょう》でし

(1) Ａ・Ｂにあてはまる言葉の組み合わせとして正しいものを次の中から一つ選び、記号を○で囲みなさい。(5点)

ア Ａ つまり　Ｂ けれども
イ Ａ ところが　Ｂ しかも
ウ Ａ だから　Ｂ そして
エ Ａ しかし　Ｂ たとえば

(2) ――①について、次の問いに答えなさい。

① それらが有効な援助《えんじょ》となるためには、どのような技術や設備であることが必要ですか。くわしく説明した一文を探《さが》し、初めの六字を答えなさい。(5点)

② それらを提供《ていきょう》する側が学ぶ必要があることとはどのようなことですか。文章中の言葉を使って説明しなさい。(10点)

(6) ぶんかつ［　　］で支はらう。

(7) おやこうこう［　　　］をする。

(8) えいが［　　］をみる。

(9) 別冊の付録。（　　）

(10) 先生が点呼をとる。（　　）

3 次の文の――の言葉と同じ意味（同じはたらき）をもつ言葉をあとの**ア**〜**ウ**からそれぞれ一つずつ選び、（　）に記号を書きなさい。（各7点）

(1) 余計なことを言ったばかりにひどい目にあった。（　）

ア よくばったばかりに失敗してしまった。
イ なぜかぼくばかりに当番がまわってくる。
ウ さっき来たばかりなのにもう帰る時間だ。

(2) 本当のことを知っていながらだまっていた。（　）

ア ジュースを飲みながらゲームをした。
イ この街には昔ながらの雰囲気《ふんいき》がある。
ウ 小学生ながら上位に入賞した。

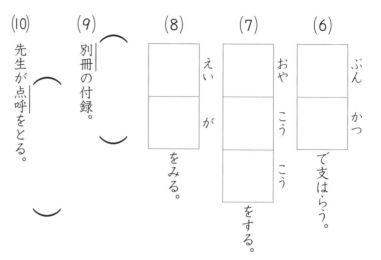

国語

1

確認《かくにん》テスト

学習日　　月　　日

得点　　/100点

1　□には漢字を書きなさい。また、(　　)には読みがなを書きなさい。(各2点)

(1) □□《おんいき》の広い楽器。(　　)

(2) お墓に花を□《そな》える。(　　)

(3) つりの□□《あなば》を見つける。

(4) 一週間で□□《たいいん》する。

(5) 夕食後、□□《さらあら》いをする。

2　次の文の――の接続語と同じ種類の接続語をあとのA群の中から、またその種類をB群の中からそれぞれ一つずつ選び、(　　)に記号を書きなさい。(A・Bの両方できて各8点)

(1) チームのだれもが勝利を確信していた。<u>しかし、</u>試合の最後に思いもよらない結果が待っていた。

A(　　)　B(　　)

(2) この本には私《わたし》が知りたかったことがすべて書かれている。<u>さらに、</u>思っていた以上に値段《ねだん》が安いので必ず買おう。

A(　　)　B(　　)

A群
〔**ア** ところが　**イ** しかも　**ウ** ところで　**エ** つまり　**オ** だから〕

B群
〔**あ** 順接　**い** 逆接　**う** 説明・補足《ほそく》　**え** 転換《てんかん》　**お** 累加《るいか》(添加《てんか》)〕

メモ

メモ

Z会グレードアップ問題集　全科テスト　小学6年

初版第1刷発行 ………… 2021年6月20日

編　者……………………… Z会編集部
発行人……………………… 藤井孝昭
発　行……………………… Z会
〒411-0033　静岡県三島市文教町1-9-11
【販売部門：書籍の乱丁・落丁・返品・交換・注文】
TEL 055-976-9095
【書籍の内容に関するお問い合わせ】
https://www.zkai.co.jp/books/contact/
【ホームページ】
https://www.zkai.co.jp/books/

編集協力…………………… 株式会社 エディット
DTP組版 ………………… ホウユウ 株式会社
デザイン…………………… ステラデザイン
イラスト…………………… 神谷菜穂子／モリアート
図版作成…………………… 神谷菜穂子／モリアート／ホウユウ 株式会社
図版提供…………………… 「解体新書」杉田玄白，中川淳庵校，石川玄常参，
桂川甫周閲（神戸市立博物館所蔵）Photo：Kobe City Museum / DNPartcom
「蒙古襲来絵詞」宮内庁三の丸尚蔵館所蔵
「長篠合戦図屏風」犬山城白帝文庫所蔵
音声収録…………………… 株式会社 スタジオスピーク
音源提供…………………… PIXTA（ピクスタ）
装　丁……………………… Concent, Inc.
印刷・製本………………… シナノ書籍印刷 株式会社

ISBN978-4-86290-339-6 C6081

Z-KAI

かっこいい小学生になろう

Z会グレードアップ問題集
全科テスト

国語　算数　理科　社会　英語

小学
6年

解答・解説

解答・解説の使い方

❶ 自分の解答とつき合わせて，答え合わせをしましょう。

❷ 答え合わせが終わったら，問題の配点にしたがって点数をつけ，得点《とくてん》らんに記入しましょう。

❸ 「考え方」を読んでポイントを確認《かくにん》しましょう。

❹ 39ページの単元一覧《いちらん》で，各回の学習内容がわかります。まちがえた問題は，「考え方」を読むとともに，教科書や『Ｚ会グレードアップ問題集』（別売り）などに取り組んで復習しましょう。

ステップ１

「答え」では，正解を示しています。
記述問題の解答は，（例）を示しています。

ステップ２

「考え方」では，それぞれの問題のポイントや考え方の道筋《みちすじ》，学習アドバイスを示しています。
記述問題では，まるつけのためのポイントも示しています。

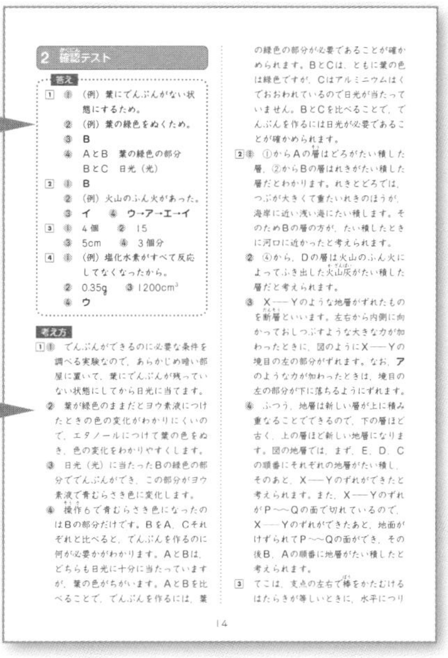

2　確認テスト

答え

1　① （例）葉にでんぷんがない状態にするため。
② （例）葉の緑色をぬくため。
③ B
④ AとB　葉の緑色の部分
BとC　日光（光）

2　① B
② （例）火山のふん火があった。
③ イ　④ ウ→ア→エ→イ

3　① 4個　② 15
③ 5cm　④ 3個分

4　① （例）塩化水素がすべて反応してなくなったから。
② 0.35g　③ 1200cm³
④ ウ

考え方

1① でんぷんができるのに必要な条件を調べる実験なので，あらかじめ暗い部屋に置いて，葉にでんぷんが残っていない状態にしてから日光に当てます。
② 葉が緑色のままだとヨウ素液につけたときの色の変化がわかりにくいので，エタノールにつけて葉の色をぬき，色の変化をわかりやすくします。
③ 日光（光）に当たったBの緑色の部分ででんぷんができ，この部分がヨウ素液で青むらさき色に変化します。
④ 操作6で青むらさき色になったのはBの部分だけです。BをA，Cそれぞれと比べると，でんぷんを作るのに何が必要かがわかります。AとBは，どちらも日光に十分に当たっていますが，葉の色がちがいます。AとBを比べることで，でんぷんを作るには，葉の緑色の部分が必要であることが確かめられます。BとCは，ともに葉の色は緑色ですが，Cはアルミニウムはくでおおわれているので日光が当たっていません。BとCを比べることで，でんぷんを作るには日光が必要であることが確かめられます。

2① ①からAの層はどろがたい積した層，②からBの層はれきがたい積した層だとわかります。れきとどろでは，つぶが大きくて重たいれきのほうが，海岸に近い浅い海にたい積します。そのためBの層の方が，たい積したときに河口に近かったと考えられます。
② ④から，Dの層は火山のふん火によってふき出した火山灰《かざんばい》がたい積した層だと考えられます。
③ X――Yのような地層がずれたものを断層《だんそう》といいます。左右から内側に向かっておしつぶすような大きな力が加わったときに，図のようにX――Yの境目の左の部分がずれます。なお，アのような力が加わったときは，境目の左の部分が下に落ちるようにずれます。
④ ふつう，地層は新しい層が上に積み重なることでできるので，下の層ほど古く，上の層ほど新しい地層になります。図の地層では，まず，E，D，Cの順番にそれぞれの地層がたい積し，そのあと，X――Yのずれができたと考えられます。また，X――Yのずれが P～～Qの面で切れているので，X――Yのずれができたあと，地面がけずられてP～～Qの面ができ，その後B，Aの順番に地層がたい積したと考えられます。

3　てこは，支点の左右で棒《ぼう》をかたむけるはたらきが等しいときに，水平につり

14

保護者の方へ

この冊子では，問題の答えと，各回の学習のポイントなどを掲載しています。お子さま自身で答え合わせができる構成になっていますが，お子さまがとまどっているときは，取り組みをサポートしてあげてください。

もくじ

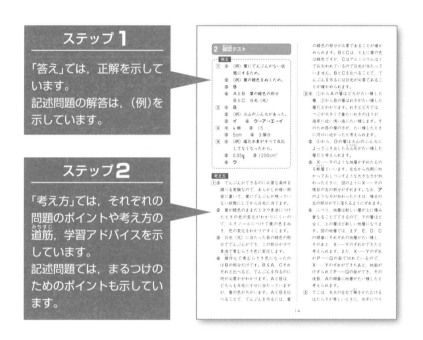

1　確認《かくにん》テスト

答え

1　① $\frac{35}{6}\left(=5\frac{5}{6}\right)$　② $\frac{2}{9}$

③ $\frac{9}{2}\left(=4\frac{1}{2}\right)$　④ $\frac{20}{3}\left(=6\frac{2}{3}\right)$

⑤ $\frac{3}{2}\left(=1\frac{1}{2}\right)$　⑥ 2

2　① 10通り　② 6通り

3　6通り

4　12通り

5　① 4.8cm　② 2cm

6　①

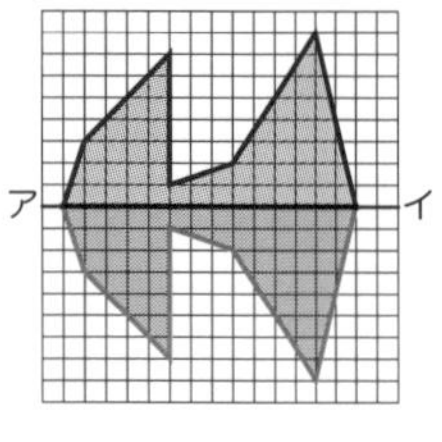

②

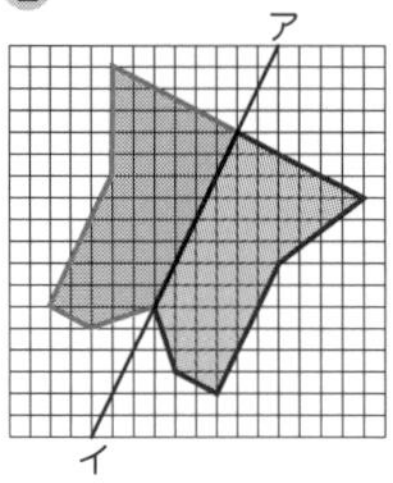

7　①

②

	▼3	▼4	▼5	▼6	▼7	▼8
ア	2	3	4	5	6	7
イ＋ウ	4	9	16	25	36	49

③ 196

考え方

1　分数のかけ算・わり算では帯分数は仮分数になおして計算します。

わり算では，わられる数にわる数の逆数をかけます。

小数の混じった計算では，すべて分数になおして計算します。

2 ①　選ぶ形に「✔」をつけると，次の表のように10通りになります。

○	✔	✔	✔	✔						
△	✔				✔	✔	✔			
□		✔			✔			✔	✔	
★			✔			✔		✔		✔
◆				✔			✔		✔	✔

②　○の形を選んだときを樹形《じゅけい》図《ず》にかくと下の図のように2通りになります。

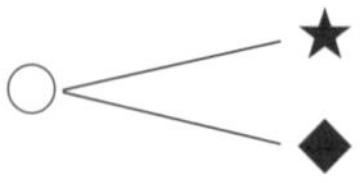

△，□の形を選んだときも，同じように2通りになるので，全部で，

2×3＝6（通り）

3　「さくらさんとこまちさんの2人が勝って，のぞみさん1人が負ける場合」と「さくらさん1人が勝って，こまちさんとのぞみさんの2人が負ける場合」を考えます。

樹形図をかくと，右の図のように6通りになります。

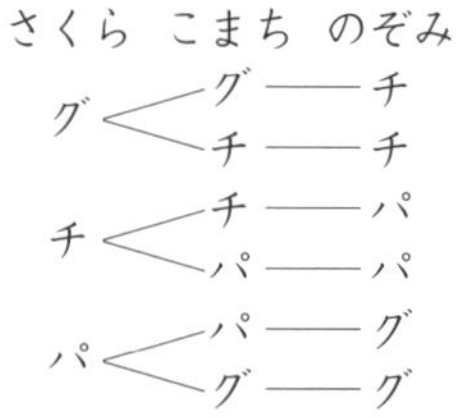

4　さゆさんがるりさんより先に走ることに注意して，1番目に走る人がこうた，ひろと，さゆの場合に分けてかくと，下の図のように12通りになります。

1番目　2番目　3番目　4番目

こうた－さゆ　－るり　－ひろと
こうた－さゆ　－ひろと－るり
こうた－ひろと－さゆ　－るり
ひろと－さゆ　－るり　－こうた
ひろと－さゆ　－こうた－るり
ひろと－こうた－さゆ　－るり
さゆ　－るり　－こうた－ひろと
さゆ　－るり　－ひろと－こうた
さゆ　－こうた－るり　－ひろと
さゆ　－ひろと－るり　－こうた
さゆ　－こうた－ひろと－るり
さゆ　－ひろと－こうた－るり

5 **1** 辺BCに対応する辺は辺FGなので，辺BCと辺FGは同じ長さです。

2 DからEまでと，HからAまでの半円の形を2つ合わせた長さは，同じ半径の円周の長さと等しいので，

$5\times2\times3.14=31.4$（cm）

よって，辺ABと辺EFの長さを合わせた長さは，

$55-(31.4+5\times2+4.8\times2)$
$=4$（cm）

辺ABと辺EFは同じ長さだから，辺ABの長さは，

$4\div2=2$（cm）

6 それぞれの頂点《ちょうてん》から，対称《たいしょう》の軸《じく》に垂《すい》直《ちょく》な直線を引いて，それぞれの頂点が対応する点をとり，点を直線でつなぎます。

2は，下の図の辺BCと辺EFが対応しています。

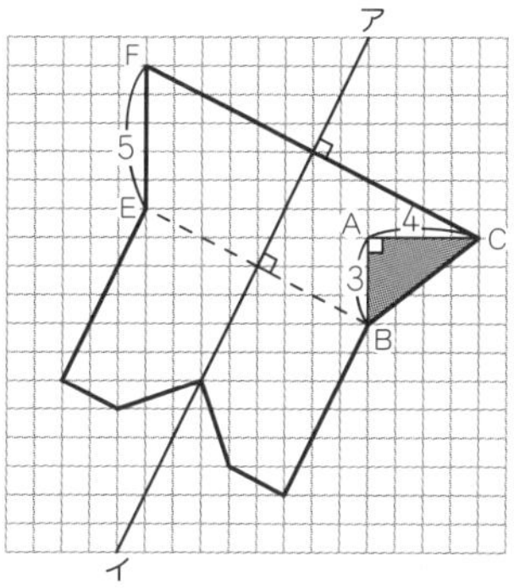

辺EFの長さは方眼紙の5目もり分なので，辺BCの長さも方眼紙の5目もり分だとわかります。このとき，三角形ABCの3辺の長さの比は，

AB：AC：BC＝3：4：5であり，

$3\times3+4\times4=5\times5$が成り立っています。

直角三角形の3つの辺の長さを▲，■，●とすると，

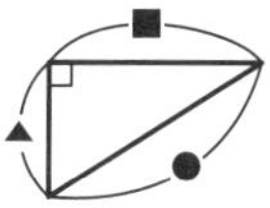

▲×▲＋■×■＝●×●

という関係が必ず成り立つことは，中学の数学で学習します。

7 **2** 「イ＋ウ」は「ア×ア」と同じ数になります。その理由を，8段目《だんめ》の▼8を例に考えてみます。

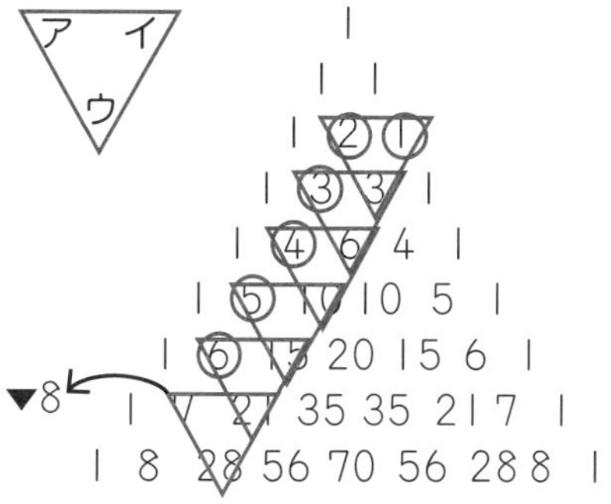

▼8では，アの数は，$8-1=7$です。イの数は，上の図の中で○の印をつけた数の和だから，

$1+2+3+4+5+6=21$

ウの数は，アの数とイの数の和だから，

$7+(1+2+3+4+5+6)=28$

イ＋ウが表す数は，下の図のように組み合わせて考えると，$7\times7=49$になります。

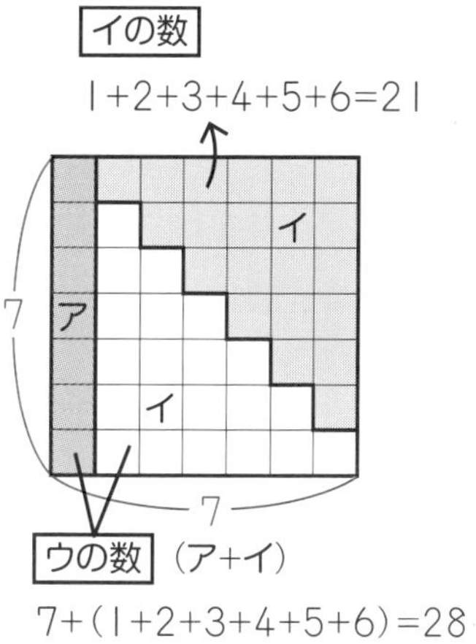

アの数が7だから，イ＋ウが表す数とア×アが表す数は同じになります。

3 ▼15について，アの数が14だから，イ＋ウが表す数は，

$14\times14=196$

になります。

2 確認《かくにん》テスト

答え

1 ① $x \div 7$ ② $x \times 4$
③ $x \times 20 + 300$

2 ① 54 ② 48 ③ 5 ④ 7

3 ① $y = 2.4 \times x$ ② 36cm^2

4 ① 8L ② $y = 96 \div x$

5 ① 78.5cm^2 ② 4.71cm^2
③ 75.36cm^2 ④ 10.26cm^2

6 27.36cm^2

7 ① 9回 ② 3回
③

	ゆうさん	ひろとさん	まきさん	みやびさん
ゆうさん		2−3	3−2	3−2
ひろとさん	3−2		3−2	3−2
まきさん	2−3	2−3		5−0
みやびさん	2−3	2−3	0−5	

考え方

1 ③ 分速 x m で 20 分走ったときの道のりは，$x \times 20$（m）となり，さらに 300m 歩いているので，求める式は，

$x \times 20 + 300$

2 ④ $35 - x$ をひとまとまりと考えます。

$(35 - x) \div 8 = 3.5$
$35 - x = 3.5 \times 8$
$35 - x = 28$
$x = 35 - 28$
$x = 7$

3 ① 三角形の底辺がある長さで，高さ x の値《あたい》が 2 倍，3 倍，…になると，面積 y の値も 2 倍，3 倍，…になっています。したがって，y は x に比例し，$y \div x$ はいつもきまった数になります。$x = 1$ のとき $y = 2.4$ なので，きまった数は，

$2.4 \div 1 = 2.4$

よって，$y = 2.4 \times x$ です。

② $y = 2.4 \times x$ に $x = 15$ をあてはめると，y は，$2.4 \times 15 = 36$ だから，面積は 36cm^2 です。

4 ① 縦《たて》の目もりが 12 のとき，横の目もりは 8 なので，1 分間に入れた水の量は 8L です。

② $x = 8$ のとき $y = 12$ だから，きまった数は，$8 \times 12 = 96$ です。

よって，y を x を使った式で表すと，

$y = 96 \div x$

5 円の面積＝半径×半径×円周率

を使います。

② $360 \div 60 = 6$ より，この図形を 6 つ集めると円になるので，

$3 \times 3 \times 3.14 \div 6 = 4.71$（$\text{cm}^2$）

③ $6 + 4 = 10$ より，半径 10cm の半円の面積から，半径 6cm の半円の面積と半径 4cm の半円の面積をひいて求めます。

$10 \times 10 \times 3.14 \div 2$
$- 6 \times 6 \times 3.14 \div 2$
$- 4 \times 4 \times 3.14 \div 2$
$= (100 - 36 - 16) \div 2 \times 3.14$
$= 24 \times 3.14 = 75.36$（cm^2）

④ 円を 4 等分した図形の半径は，正方形 ABCD の対角線 BD の長さと等しいので 6cm です。よって，円を 4 等分した図形の面積は，

$6 \times 6 \times 3.14 \div 4 = 28.26$（$\text{cm}^2$）

正方形 ABCD は，2 本の対角線の長さが 6cm のひし形と考えることができるので，その面積は，

$6 \times 6 \div 2$
$= 18$（cm^2）

よって，求める面積は，

$28.26 - 18$
$= 10.26$（cm^2）

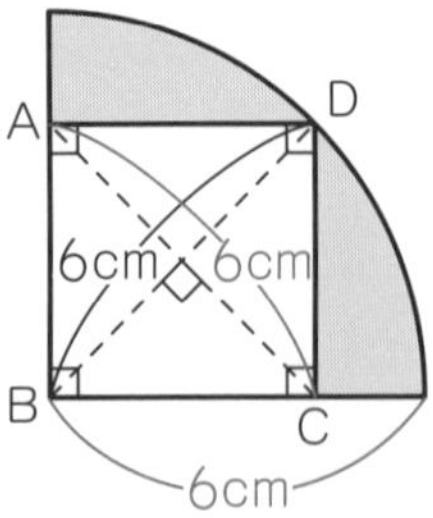

6

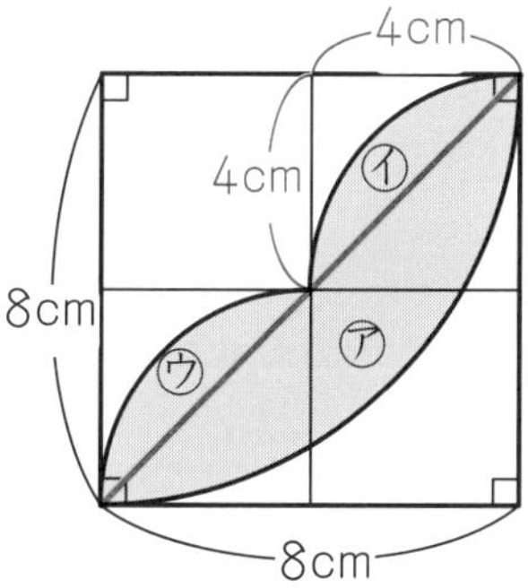

上の図の㋐の面積は，半径 8cm の円を 4 等分した図形の面積から，底辺 8cm，高さ 8cm の三角形の面積をひいて求められるので，

8×8×3.14÷4−8×8÷2

=50.24−32=18.24（cm^2）

㋑と㋒の面積の合計は，半径 4cm の円を 4 等分した図形の面積から，底辺 4cm，高さ 4cm の三角形の面積をひいた面積の 2 つ分なので，

(4×4×3.14÷4−4×4÷2)×2

=9.12（cm^2）

よって，求める面積は，

18.24+9.12=27.36（cm^2）

7 4 人のリーグ戦なので，対戦の組み合わせは，次の 6 通りです。

（ゆう，ひろと），（ゆう，まき），
（ゆう，みやび），（ひろと，まき），
（ひろと，みやび），（まき，みやび）

1 つの対戦で 5 回ずつじゃんけんをするので，じゃんけんの回数は全部で，

5×6=30（回）

です。

1 じゃんけんは全部で 30 回行われているので，じゃんけんに勝った回数の合計も 30 回です。

よって，まきさんがじゃんけんに勝った回数は，

30−(8+9+4)=9（回）

2 1 つの対戦で 5 回ずつじゃんけんをするので，対戦に勝ったときのじゃんけんに勝った回数は「3 回」「4 回」「5 回」のいずれかです。

ひろとさんは，対戦に 3 回勝って，じゃんけんに 9 回勝っているので，すべての対戦でじゃんけんに 3 回勝っています。

3 まず，ひろとさんの成績を表に書き入れると，表 1 のようになります。

表 1

	ゆう	ひろと	まき	みやび
ゆう		2−3		
ひろと	3−2		3−2	3−2
まき		2−3		
みやび		2−3		

次に，4 人が対戦に勝った回数に注目します。みやびさんはゆうさんとまきさんにじゃんけんで勝った回数が 4−2=2（回）のため，対戦には 1 回も勝っていません。ひろとさんが 3 回，まきさんが 1 回，みやびさんが 0 回なので，ゆうさんは，6−(3+1+0)=2（回）対戦に勝っています。

よって，まきさんが対戦で 1 回勝ったのは，1 回も勝っていないみやびさんと対戦したときで，まきさんはじゃんけんに 9 回勝っているので，表 2 のように，ゆうさんに「2−3」，みやびさんに「5−0」だったことがわかります。

表 2

	ゆう	ひろと	まき	みやび
ゆう		2−3	3−2	
ひろと	3−2		3−2	3−2
まき	2−3	2−3		5−0
みやび		2−3	0−5	

あとは，ゆうさんやみやびさんがじゃんけんに勝った回数から，残りの成績を表にまとめることができます。

3 確認《かくにん》テスト

答え

1 450mL

2 ① 75cm ② 2.1 m

3 ① 5人

② 5（番目から）12（番目の間）

③ 25%

4 ① 3倍 ② 16cm^2

③ 72cm^2

5 ① 315cm^3 ② 144cm^3

6 ① 753.6cm^3 ② 528cm^3

考え方

1 びん全体を1とすると，使ったしょう油30mLは，$\frac{2}{5}-\frac{1}{3}=\frac{1}{15}$にあたります。よって，びん全体に入るしょう油の量は，

$30\div\frac{1}{15}=450$（mL）

2 ① せいやさんが取る前のリボンの長さを1とすると，45cmは，

$1-\frac{5}{8}=\frac{3}{8}$

にあたるので，せいやさんが取る前のリボンの長さは，

$45\div\frac{3}{8}=120$（cm）

よって，せいやさんが取ったリボンの長さは，

$120-45=75$（cm）

【別解】

①でせいやさんが取る前のリボンの長さを求めたあとは，

$120\times\frac{5}{8}=75$（cm）

として求めることもできます。

② はじめのリボンの長さを1とすると，120cmは，$1-\frac{3}{7}=\frac{4}{7}$にあたるので，はじめのリボンの長さは，

$120\div\frac{4}{7}=210$（cm）

より，2.1 mです。

3 ① 150cm未満の人数は，

$(32-6)\div2=13$（人）

で，135cm以上140cm未満の人数が3人，140cm以上145cm未満の人数が5人だから，145cm以上150cm未満の人数は，

$13-(3+5)=5$（人）

② 160cm以上165cm未満の人数が4人，155cm以上165cm未満の人数が，$4+8=12$（人）で，157.2cmは，155cm以上160cm未満にふくまれるので，高いほうから数えて，5番目から12番目の間になります。

③ 145cm未満の人数は8人だから，

$8\div32\times100=25$（%）

4 ① 三角形ABCの辺ABと，三角形ADEの辺ADが対応する辺になっていて，その長さの比は，

AB：AD＝24：8＝3：1

となるため，3倍の拡大図《かくだいず》になっていることがわかります。

② 三角形ABCの辺BCと，三角形ADEの辺DEが対応する辺になっていて，三角形ABCは三角形ADEの3倍の拡大図であることから，

DE＝$12\div3=4$（cm）

三角形ADEは，底辺8cm，高さ4cmの三角形なので，求める面積は，

$8\times4\div2=16$（cm^2）

③ 三角形DEFは三角形CBFの縮《しゅく》図《ず》であり，辺DEと辺CB，辺DFと辺CFが対応しているので，

$DF:CF=DE:CB$
$=4:12$
$=1:3$

次に，点Fから直線DBに垂《すい》直《ちょく》な直線を引き，直線DBと交わってできる点をGとおくと，三角形DFGは三角形DCBの縮図であり，辺DFと辺DC，辺FGと辺CBが対応しているので，

$FG:CB=DF:DC$
$=1:(1+3)$
$=1:4$

よって，

$FG=12\times\frac{1}{4}=3$ (cm)

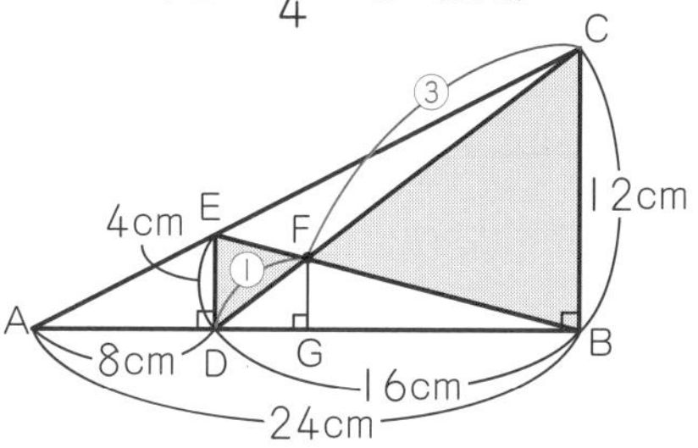

直線DBの長さは，

$24-8=16$ (cm)

であり，三角形FBCの面積は，三角形DBCの面積から三角形FDBの面積をひけば求められるので，

$16\times12\div2-16\times3\div2$
$=72(\text{cm}^2)$

5 角柱の体積は，**底面積**×**高さ**で求めることができます。

① 底面積は，$14\times5\div2=35$ (cm^2)
だから，求める体積は，
$35\times9=315$ (cm^3)

② 上底5cm，下底7cm，高さ4cmの台形の面を底面とみると，底面積は，
$(5+7)\times4\div2=24$ (cm^2)
高さは6cmであるから，求める体積は，
$24\times6=144$ (cm^3)

6 ① 展開《てんかい》図《ず》を組み立ててできる立体は円柱です。円柱の展開図において，側面の長方形の横の長さと底面の円周の長さは等しくなります。底面の円の直径を□cmとすると，
□×3.14＝25.12
より，□は，
$25.12\div3.14=8$
底面の半径は，
$8\div2=4$ (cm)
底面積は，
$4\times4\times3.14=50.24$ (cm^2)
したがって，求める体積は，
$50.24\times15=753.6$ (cm^3)

② 展開図を組み立ててできる立体は，下の図のような，長方形から直角三角形を2つ取り除《のぞ》いた図形を底面とする角柱です。

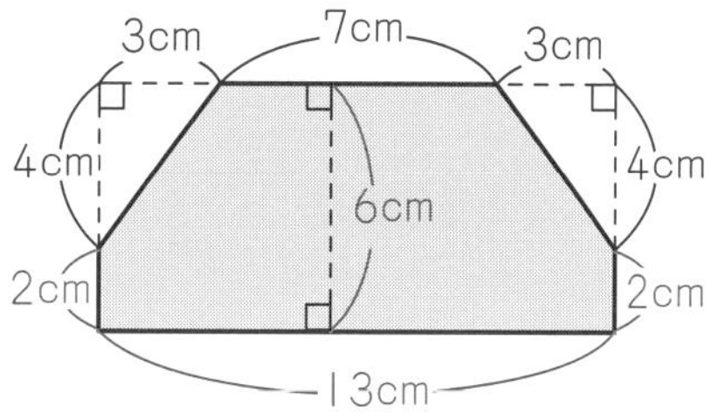

底面積は，
$6\times13-(3\times4\div2)\times2$
$=66(\text{cm}^2)$
だから，求める立体の体積は，
$66\times8=528$ (cm^3)

4 確認《かくにん》テスト

答え

[1] ①比　5：8

比の値　$\frac{5}{8}$（0.625）

②比　12：25

比の値　$\frac{12}{25}$（0.48）

[2] ①$\frac{15}{4}=\left(3\frac{3}{4}\right)$　②5

[3] 1200円

[4] ①20cm　②3L　③14

[5] ①㋐4　㋑9　㋒30

②㋓8　㋔27　㋕100

[6] ①㋐$x+2$　㋑$x+8$

㋒$x+14$　㋓$x+16$

②①2　②8　③14　④16

（①～④はどの順番で答えても正解です。）

⑤5　⑥40　⑦8

考え方

[1]① 小数か分数のどちらかにそろえます。$\frac{4}{5}=0.8$ より，

$\frac{4}{5}:1.28=0.8:1.28$

$=80:128$

$=5:8$

●：▲の比の値《あたい》は，●÷▲で求められるから，

$5\div8=\frac{5}{8}$

② 1.5km＝1500m だから，

720m：1.5km＝720：1500

＝12：25

[2]① 7は28の，

$7\div28=\frac{1}{4}$（倍）

$\times\frac{1}{4}$

$28:15=7:x$

$\times\frac{1}{4}$

だから，x は，

$15\times\frac{1}{4}=\frac{15}{4}$

② 18は3の，

$18\div3=6$（倍）

だから，x は，

$\times6$

$\frac{5}{6}:3=x:18$

$\times6$

$\frac{5}{6}\times6=5$

[3] ゲームソフト（3200円）の割合《わりあい》を1とすると，たけしさんが出す金額の割合は，$\frac{3}{3+5}=\frac{3}{8}$ となります。

したがって，たけしさんが出す金額は，

$3200\times\frac{3}{8}=1200$（円）

[4] 右のように，水そうの仕切られた部分の辺AB側をア，辺DC側をイ，仕切りより上の部分をウとします。グラフから，

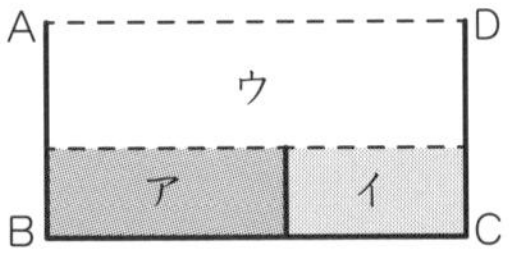

・0分～8分　…アに水がたまる

・8分～ⓐ分　…イに水がたまる

・ⓐ分よりあと…ウに水がたまる

ことが読み取れます。

① 8分～ⓐ分のとき，水面の高さが20cmだから，仕切りの高さも20cmです。

② アの底面は縦《たて》30cm，横40cmの長方形であり，8分間で20cmの高さまで水が入るので，1分あたりに入れる水の量は，

$30\times40\times20\div8=3000$ (cm^3)

$1000cm^3=1L$ だから，

$3000cm^3=3L$

③ (あ)は全体（アとイを合わせた部分）に 20cm の高さまで水が入る時間を表しています。アとイを合わせた部分の底面は，縦 30cm，横 $40+30=70$（cm）の長方形であり，毎分 3L の割合で水を入れるので，

$30\times70\times20\div3000=14$（分）

より，(あ)にあてはまる数は 14 です。

【別解】

アの底面の横は 40cm，イの底面の横は 30cm であるから，アに水がたまったあとから，イに水がたまるのにかかる時間を x 分とすると，

$8:x=40:30$

より，$x=6$ なので，(あ)にあてはまる数は，$8+6=14$

5 ① 正方形の左上の頂点《ちょうてん》に注目すると数えやすいです。1 辺 4cm の正方形は 1 個あります。1 辺 3cm の正方形の左上の頂点になるのは，下の図 1 の●で示した

$2\times2=4$（個）だから，

1 辺 3cm の正方形は 4 個あります。

同じようにして，1 辺 2cm の正方形は，下の図 2 より，

$3\times3=9$（個）

図 1

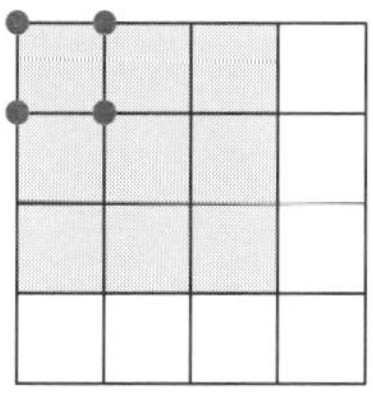

図 2

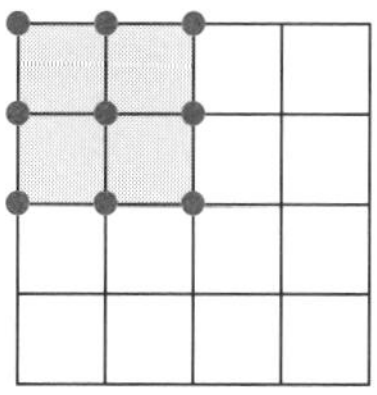

1 辺 1cm の正方形は，

$4\times4=16$（個）

あります。よって，全部で，

$1+4+9+16=30$（個）

② 立方体の左上手前の頂点に注目すると数えやすいです。

1 辺 4cm の立方体は 1 個あります。

1 辺 3cm の立方体の左上手前の頂点になるのは，下の図の●で示した $2\times2\times2=8$（個）だから，1 辺 3cm の立方体は 8 個あります。

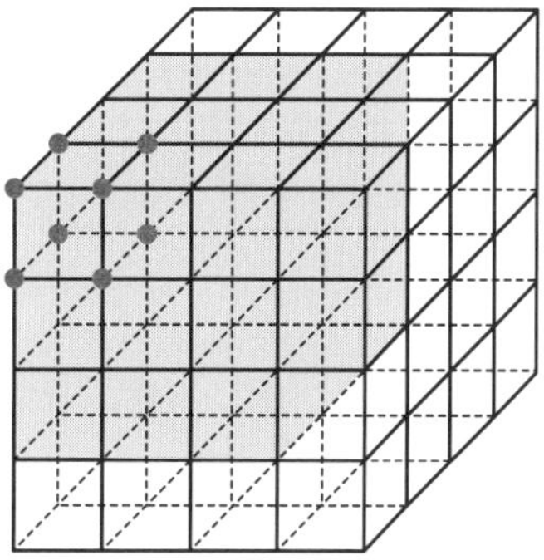

1 辺 2cm の立方体は，

$3\times3\times3=27$（個）

1 辺 1cm の立方体は，

$4\times4\times4=64$（個）

あります。よって，全部で，

$1+8+27+64=100$（個）

6 ① カレンダーの 9 つの数について，左上の数を x とおくと，残りの数は次のようになります。

x	$x+1$	$x+2$
$x+7$	$x+8$	$x+9$
$x+14$	$x+15$	$x+16$

② 5 つの数の和を x を使った式で表すと，

$$x+(x+2)+(x+8)+(x+14)+(x+16)$$
$$=x\times5+2+8+14+16$$
$$=x\times5+40$$

真ん中の数の 5 倍を x の式で表すと，

$$(x+8)\times5=x\times5+8\times5$$
$$=x\times5+40$$

どちらも $x\times5+40$ という式で表されているので，等しくなっています。

5 確認《かくにん》テスト

答え

1 ① $\frac{19}{25}$ ② $\frac{1}{5}$ ③ $\frac{29}{9}\left(=3\frac{2}{9}\right)$

2 ① $\frac{1}{36}$ ② 36 分後 ③ 100 分

3 ① 18.84cm ② 452.16cm^2

4 1406.72cm^3

5 ① 1 ② $\frac{1}{3}$

考え方

1 ③ $2\frac{1}{3}\div1\frac{2}{5}=\frac{7}{3}\times\frac{5}{7}=\frac{5}{3}$より，

$$\left(x\times\frac{2}{3}-\frac{5}{3}\right)\times2\frac{1}{4}=1\frac{1}{12}$$

$x\times\frac{2}{3}-\frac{5}{3}=\square$とすると，

$$\square\times2\frac{1}{4}=1\frac{1}{12}$$

より，□は，

$$1\frac{1}{12}\div2\frac{1}{4}=\frac{13}{12}\times\frac{4}{9}=\frac{13}{27}$$

したがって，

$$x\times\frac{2}{3}-\frac{5}{3}=\frac{13}{27}$$

であり，

$$\frac{13}{27}+\frac{5}{3}=\frac{58}{27}$$

より，$x\times\frac{2}{3}=\frac{58}{27}$だから，$x$は，

$$\frac{58}{27}\div\frac{2}{3}=\frac{58}{27}\times\frac{3}{2}=\frac{29}{9}$$

2 ① けんさんとはるきさんが20分間に進む道のりの和は，湖のまわりの長さ1に等しいので，けんさんとはるきさんが1分間に進む道のりの和は，

$$1\div20=\frac{1}{20}$$

けんさんとゆいさんが45分間に進む道のりの差は，湖のまわりの長さ1に等しいので，けんさんとゆいさんが1分間に進む道のりの差は，

$$1\div45=\frac{1}{45}$$

よって，3人が1分間に進む道のりを図にすると次のようになります。

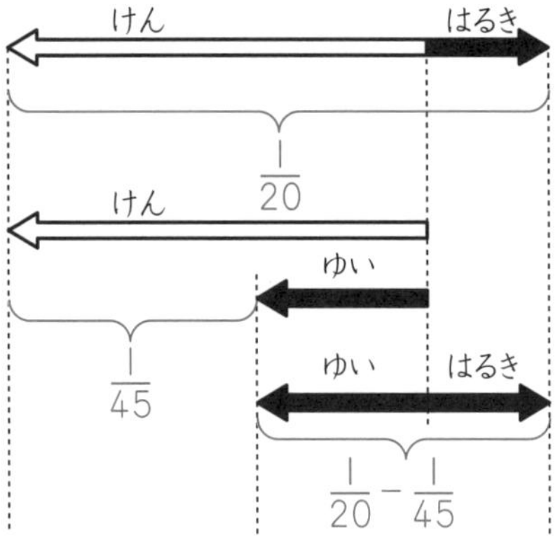

したがって，ゆいさんとはるきさんの1分間に進む道のりの和は，

$$\frac{1}{20}-\frac{1}{45}=\frac{1}{36}$$

② ①より，ゆいさんとはるきさんが初めて出会うのは

$$1\div\frac{1}{36}=36\ (分後)$$

③ けんさんが1分間に進む道のりを⑨，ゆいさんが1分間に進む道のりを④とおくと，けんさんとゆいさんが1分間に進む道のりの差は，

9−4=5より⑤です。湖のまわりの長さを1としたときの$\frac{1}{45}$が⑤にあたるので，ゆいさんが1分間に進む道のり④は，

$$\frac{1}{45}\times\frac{4}{5}=\frac{4}{225}$$

よって，はるきさんが1分間に進む道のりは，

$\frac{1}{36}-\frac{4}{225}=\frac{1}{100}$

だから，はるきさんが湖を1周するのにかかった時間は，

$1\div\frac{1}{100}=100$（分）

3 ① 右の図のように半径6cm，中心角60°のおうぎ形の曲線部分3つ分の長さになります。

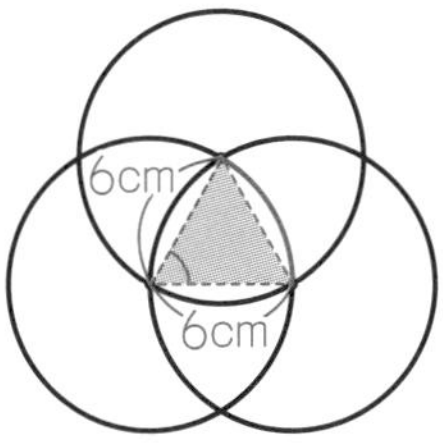

$360\div60=6$より，中心角60°のおうぎ形を6つ合わせると円ができるので，求める長さは，

$6\times2\times3.14\div6\times3$
$=18.84$（cm）

② 色をつけた図形は，

半径$9+6=15$（cm）の円から，半径9cmの円を取り除《のぞ》いた図形だから，求める面積は，

$15\times15\times3.14-9\times9\times3.14$
$=(225-81)\times3.14$
$=452.16$（cm^2）

4

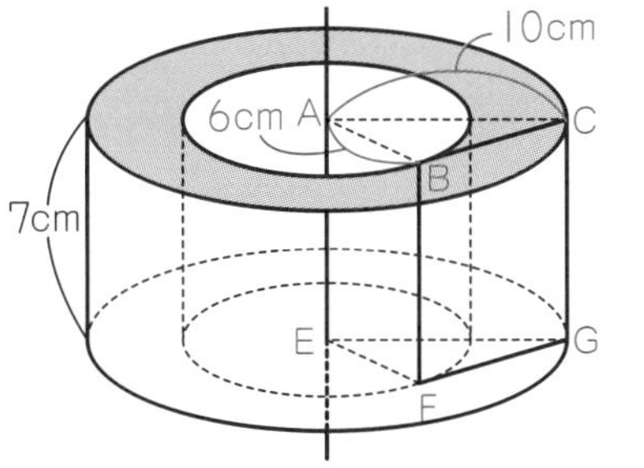

上の図の辺BCの上の点で，点Aからいちばん遠いのは点C，いちばん近いのは点Bです。

よって，長方形BFGCが通ってできる立体は，底面の半径が10cmで，高さが7cmの円柱から，底面の半径が6cmで，高さが7cmの円柱を取り除いた立体なので，求める体積は，

$10\times10\times3.14\times7$
$-6\times6\times3.14\times7$
$=(100-36)\times3.14\times7$
$=1406.72$（cm^3）

5 ① ヒントのように，数の列に現れる数を長方形や正方形の面積と考えます。この長方形や正方形を順にはり合わせていくと，面積が1の正方形に近づきます。したがって，この数の列に現れる数を順にたしていくと，1に近づきます。

② 面積が1の正三角形の3つの辺の真ん中の点を直線で結ぶと，面積が4等分され，面積が$\frac{1}{4}$の正三角形が4つできます。同じようにして，面積が$\frac{1}{4}$の正三角形の中に，面積が$\frac{1}{16}$の正三角形が4つできます。これをくり返していくと，面積が$\frac{1}{4}$，$\frac{1}{16}$，$\frac{1}{64}$，$\frac{1}{256}$，……の正三角形を3個ずつはり合わせてできる形は，面積が1の正三角形に近づきます。したがって，この数の列に現れる数を順にたしていくと，$\frac{1}{3}$に近づきます。

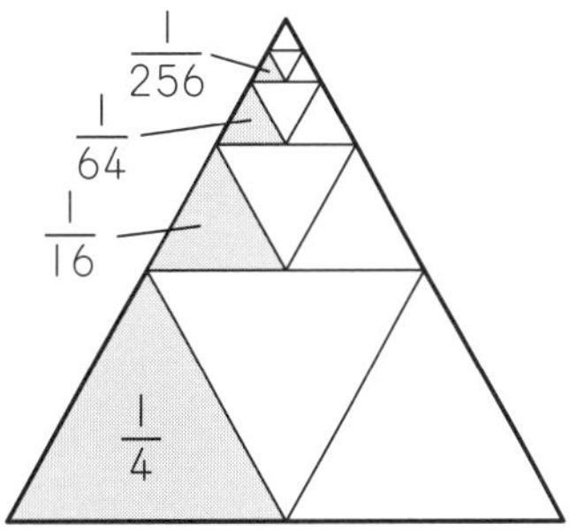

1　確認《かくにん》テスト

答え

1　① あ **イ**　い **ア**
　　う **エ**　え **キ**
② でんぷん　③ **D，E，F**
④ 体温

2　① **D**
②

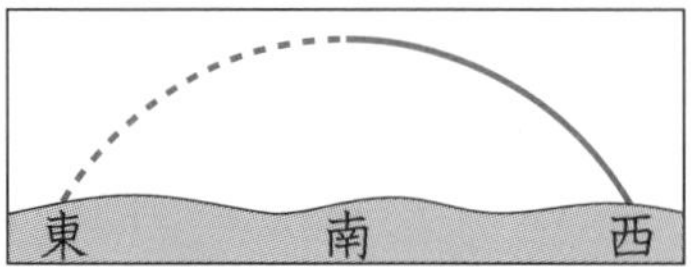

③ **B**　④ **ア**　⑤ **エ**

3　① **イ**　② A **エ**　B **ア**
③ 1.8 L

4　① ②　② **ア**

5　① **イ・ウ**
② ① **イ**　② **ア**　③ **エ**

考え方

1 ①② ヨウ素液は黄色～茶色の液体ですが，でんぷんと反応すると青むらさき色に変化することから，でんぷんがあるかどうかを調べることができます。つまり，試験管BとEにヨウ素液を加えて色の変化を見ることで，でんぷんがあるかどうかがわかります。このことから「あるもの」がでんぷんであることがわかります。

試験管BとEを比べると，実験の条件は，だ液が入っているかどうかだけがちがいます。つまり，だ液が入っている試験管Eでは中にふくまれるでんぷんが分解されてなくなってしまうために，ヨウ素液は茶色のまま変化しませんが，試験管Bではでんぷんが分解せずに残っているのでヨウ素液と反応して青むらさき色に変化します。

③④ だ液がはたらく温度を調べたいので，だ液が入っていて温度の条件がちがう試験管を比べます。だ液は人のからだの中ではたらいて，でんぷんを消化するので体温に近い40℃の条件(試験管E)のときによくはたらきます。

2 ①② 図1の①は，真夜中に東からのぼり，南の空にある夜明けごろから見えにくくなる，左側が光っている半月(下弦《かげん》の月)です。②は，夕方に東からのぼり，夜明けごろ西にしずむ満月です。③は，夕方ごろ西の空に見え始める三日月です。図2のDの右側が光っている半月(上弦《じょうげん》の月)は，正午ごろ東からのぼり真夜中に西にしずみます。つまり上弦の月は，太陽がしずむころ南の空に見え始め，真夜中まで見ることができます。

三日月

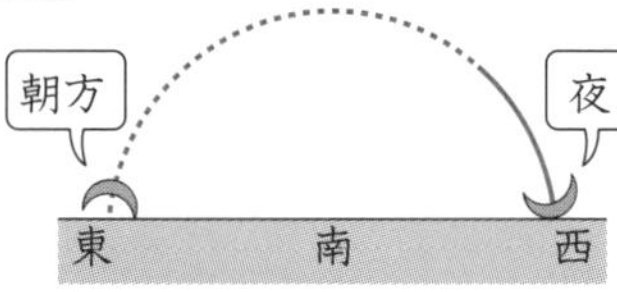

上弦の月

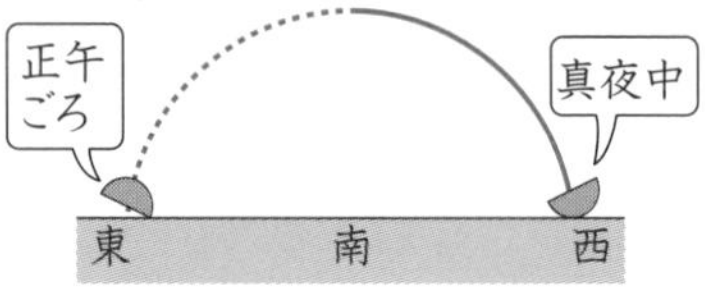

満月

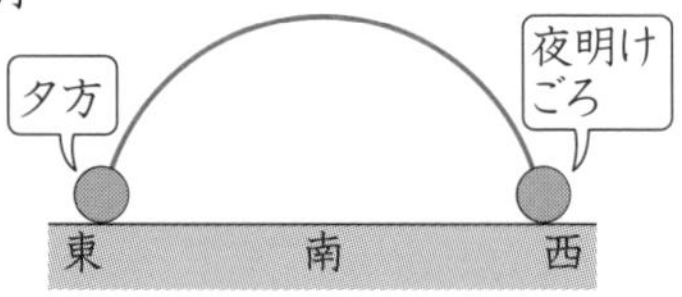

下弦の月

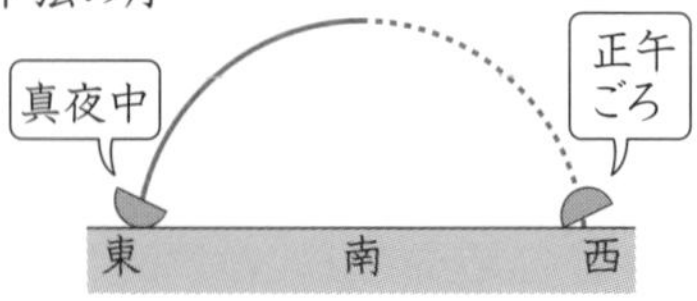

③⑤ 月は，新月→上弦の月→満月→下弦の月→新月の順に形を変えていき，約29.5日で元の形にもどります。

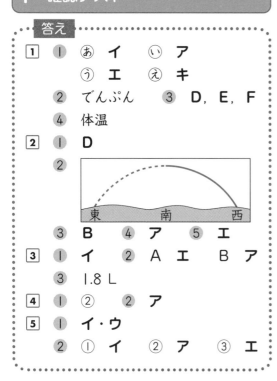

4　毎晩《まいばん》同じ時間に月を観察すると，月の位置はだんだん東へ移動していきます。

たとえば，毎晩午前0時に観察したときに見える月は，次の図のように見える位置が変化していきます。

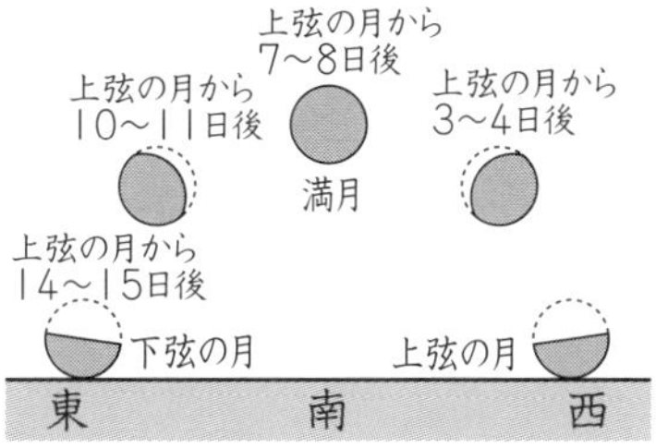

3 1　酸素は空気中には約21％ふくまれています。ものが燃えるときには酸素が使われます。そのため，ろうそくなどを燃やしたあとの空気は，酸素が減って二酸化炭素が増えます。石灰水《せっかいすい》に通したときに白くにごらせるのは二酸化炭素です。

3　最初にあったBの重さが150gで，この重さが，フラスコに残された水の重さ（147.48g）と発生した酸素の重さの合計と同じ重さになります。

このことから，発生した酸素の重さは，150－147.48＝2.52（g）　です。酸素1Lの重さは1.4gなので，発生した酸素の体積は，2.52÷1.4＝1.8（L）になります。

4 1　ガスバーナーには調節ねじが2つあり，図のAが空気の調節ねじ，Bがガスの調節ねじです。空気の調節ねじやガスの調節ねじは，上から見て時計まわりに回すと閉《し》まり，反時計まわりに回すと開きます。

2　ガスバーナーに火をつけるときの手順は次のようになります。

① ガスの調節ねじと空気の調節ねじが閉《と》じていることを確かめる。

② 元せん，コックをあける。

③ 点火するための火を，ガスバーナーの口のところに近づける。

④ ガスの調節ねじをゆるめるとオレンジ色の火がつくので，ほのおの大きさを調節する。

⑤ ガスの調節ねじをおさえながら空気の調節ねじをゆるめ，ほのおの色が青くなるようにする。

ガスバーナーの火を消すときの手順は，火をつけるときとは逆になります。

5 1　右ききの人が，重さのわからないものの重さを調べる場合は，まず，重さを調べたいものを左側の皿にのせます。そして，調べたいものはのせたままで，それとつり合うように分銅《ふんどう》をのせたりおろしたりします。手で直接分銅にふれると，手のあせで分銅がさびたり，手のよごれなどが分銅についたりして，分銅の重さが変わってしまいます。これを防ぐために，分銅は直接手でふれず，必ずピンセットであつかいます。また，分銅は重いほうの分銅から順にのせていきます。

上皿てんびんを使ったあとは，上皿てんびんの皿を一方のうでに重ねて，元あった場所にもどします。

2　右ききの人が，決まった重さのものをはかり取りたい場合は，まず，はかり取りたい重さの分銅を左側の皿にのせます。そして，分銅を皿にのせたままで，その分銅とつり合うようにはかりたいものを少しずつ右の皿にのせていきます。

左ききの人の場合は，右ききの人と左右を入れかえてのせると操作《そうさ》しやすくなります。

2 確認《かくにん》テスト

答え

1 ① （例）葉にでんぷんがない状態にするため。
② （例）葉の緑色をぬくため。
③ **B**
④ AとB　葉の緑色の部分
BとC　日光（光）

2 ① **B**
② （例）火山のふん火があった。
③ **イ**　④ **ウ→ア→エ→イ**

3 ① 4個　② 15
③ 5cm　④ 3個分

4 ① （例）塩化水素がすべて反応してなくなったから。
② 0.35g　③ $1200cm^3$
④ **ウ**

考え方

1 ① でんぷんができるのに必要な条件を調べる実験なので，あらかじめ暗い部屋に置いて，葉にでんぷんが残っていない状態にしてから日光に当てます。

② 葉が緑色のままだとヨウ素液につけたときの色の変化がわかりにくいので，エタノールにつけて葉の色をぬき，色の変化をわかりやすくします。

③ 日光（光）に当たったBの緑色の部分ででんぷんができ，この部分がヨウ素液で青むらさき色に変化します。

④ 操作《そうさ》6で青むらさき色になったのはBの部分だけです。BをA，Cそれぞれと比べると，でんぷんを作るのに何が必要かがわかります。AとBは，どちらも日光に十分に当たっていますが，葉の色がちがいます。AとBを比べることで，でんぷんを作るには，葉の緑色の部分が必要であることが確かめられます。BとCは，ともに葉の色は緑色ですが，Cはアルミニウムはくでおおわれているので日光が当たっていません。BとCを比べることで，でんぷんを作るには日光が必要であることが確かめられます。

2 ① ①からAの層《そう》はどろがたい積した層，②からBの層はれきがたい積した層だとわかります。れきとどろでは，つぶが大きくて重たいれきのほうが，海岸に近い浅い海にたい積します。そのためBの層の方が，たい積したときに河口に近かったと考えられます。

② ④から，Dの層は火山のふん火によってふき出した火山灰《かざんばい》がたい積した層だと考えられます。

③ X――Yのような地層がずれたものを断層《だんそう》といいます。左右から内側に向かっておしつぶすような大きな力が加わったときに，図のようにX――Yの境目の左の部分がずれます。なお，**ア**のような力が加わったときは，境目の左の部分が下に落ちるようにずれます。

④ ふつう，地層は新しい層が上に積み重なることでできるので，下の層ほど古く，上の層ほど新しい地層になります。図の地層では，まず，E，D，Cの順番にそれぞれの地層がたい積し，そのあと，X――Yのずれができたと考えられます。また，X――YのずれがP〜〜Qの面で切れているので，X――Yのずれができたあと，地面がけずられてP〜〜Qの面ができ，その後B，Aの順番に地層がたい積したと考えられます。

3 てこは，支点の左右で棒《ぼう》をかたむけるはたらきが等しいときに，水平につり合います。棒をかたむけるはたらきは「おもりの重さ×支点からのきょり」で表すことができます。

① 図１で，支点から5cmのところに下げたおもりの重さを□gとすると，

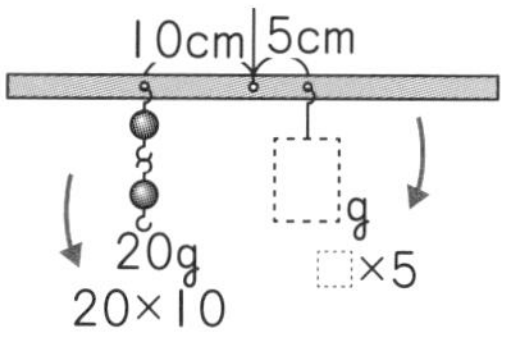

おもりがうでを下にかたむけるはたらきは，□×5と表せます。また，支点から10cmのところに下げた20gのおもりがうでを下にかたむけるはたらきは，20×10です。

てこが水平になるのは，20×10＝5×□となるときなので，□＝40(g)になります。

② 図２で，てこの左うでを下にかたむけるはたらきの大きさは，

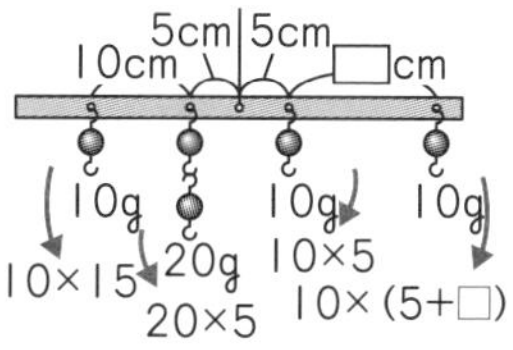

10×15＋20×5＝250，てこの右うでを下にかたむけるはたらきの大きさは，

10×5＋10×(5＋□)

＝100＋10×□

となります。

てこが水平になるのは，

250＝100＋10×□のときで，

10×□＝150となり，

□＝15（cm）

になります。

③ 図３で，てこが左にかたむいているので，水平にするためには，右側のうでに20gのおもりをつり下げる必要があります。

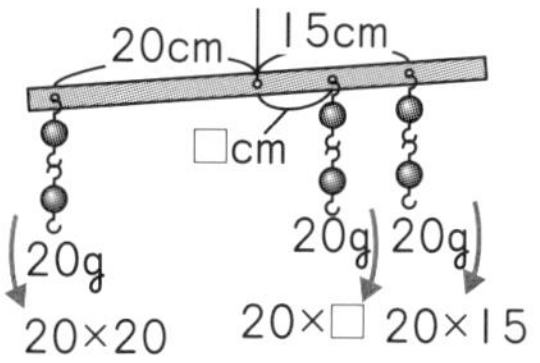

支点から右へ□cmのところにおもり２個（20g）をつけたときのおもりがうでを下にかたむけるはたらきは，20×□です。てこが水平になるのは，

20×20＝20×15＋20×□となるときなので，□＝5（cm）になります。

④ 棒磁石《ぼうじしゃく》がおもりを引く力は，右うでにつるしたおもりと同じ位置にかかります。棒磁石がおもりを引く力を○とすると，てこが水平になるのは30×20＝(10＋○)×15のときで，○＝30（g）になり，つまりおもり３個分です。

4 ① アルミニウムを0.5gよりも増やしても発生する水素の量が増えないのは，アルミニウムと反応する塩化水素がなくなったからです。

② アルミニウムが0.1g増えると発生する水素が120cm^3増えることがわかります。420cm^3の水素を発生させるためには，0.1×(420÷120)＝0.35（g）のアルミニウムが必要になります。

③ アルミニウムが0.1g増えると発生する水素が120cm^3増えることと，出てきた水素の体積が600cm^3から増えていないことから，うすい塩酸10cm^3とちょうど反応するアルミニウムの重さは0.5gであることがわかります。ここでは，塩酸が20cm^3なので，ちょうど反応するアルミニウムは1.0gです。加えたアルミニウムは1.5gなので，塩酸はすべて反応します。よって，発生する水素は，600×2＝1200（cm^3）になります。

④ アルミニウム0.6gのうち，0.5gは 塩化水素と反応して別のものに変わり，0.1gが反応しないで残ります。

3 確認《かくにん》テスト

答え

[1] ❶ 気体X　二酸化炭素
気体Y　酸素
❷ ②・④
❸ 生物A　**イ**　　生物B　**ウ**
生物C　**ア**
❹ 食物れんさ

[2] ❶ **ア**
❷ **ア**，**イ**，**ウ**，**エ**
❸ 並列《へいれつ》

[3] ❶ **ア**
❷ **ウ**
❸ **イ・ウ**

[4] ❶ （例）青色に変化する。
❷ **A・B・C・D・E**
❸ 1.2g
❹ 50cm^3

考え方

[1] 図の生物Aは植物，生物Bは植物を食べる草食動物，生物Cは草食動物を食べる肉食動物です。

❶❷ どの生き物も気体Yを取り入れ，気体Xを出していることから，気体Yは呼吸《こきゅう》で取り入れる酸素，気体Xは呼吸で出される二酸化炭素です。したがって，呼吸による気体の出入りは②と④になります。なお，①と③は植物の光合成《こうごうせい》による気体の出入りを表しています。

❸ 植物であるエノコログサをショウリョウバッタなどの動物が食べます。さらに，カエルはショウリョウバッタなどをえさとして食べます。

❹ 生物どうしの食べる・食べられるの関係を食物れんさといいます。

植物は，光合成によりみずから養分を作り出します。草食動物は，植物を食べることによって養分を取り入れ，肉食動物は，草食動物を食べることによって養分を取り入れます。他の動物を食べる肉食動物も，間接的に植物がつくった栄養分を食べていることになります。

[2] ❶ 発光ダイオードは，豆電球と比べて，使われる電気の量が少ないので，豆電球よりも長い時間光ります。

❷ 図２の回路では，かん電池と発光ダイオードの向きにより，次の図の→のように電流が流れます。**ア**，**イ**，**ウ**，**エ**の発光ダイオードは電流が流れないため光りません。

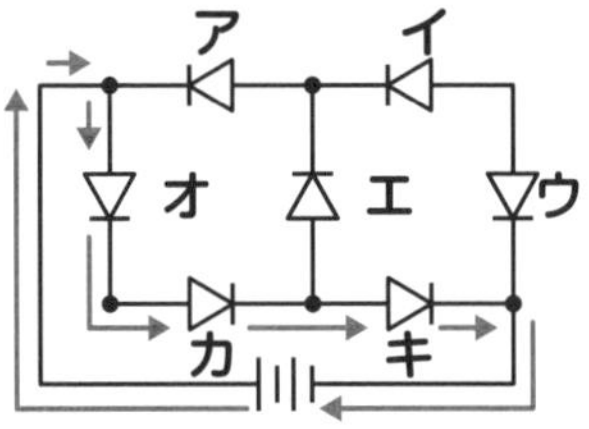

❸ **イ**，**エ**，**オ**の発光ダイオードが光ったことから，**ウ**，**エ**以外の発光ダイオードの向きは次の図Aのようになります。

図A

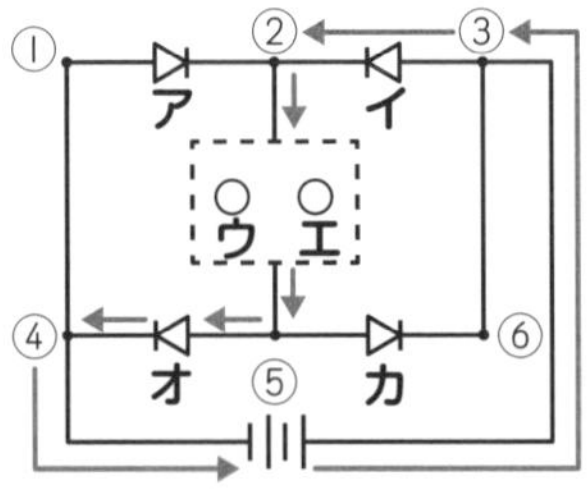

ここで，光らなかった**ウ**と光った**エ**が図Bのように直列につながっているとすると，**ウ**で電流の通り道が切れてしまうので，発光ダイオードはすべて光りません。したがって，**ウ**と**エ**は図Cのように，並列につながっています。

図B

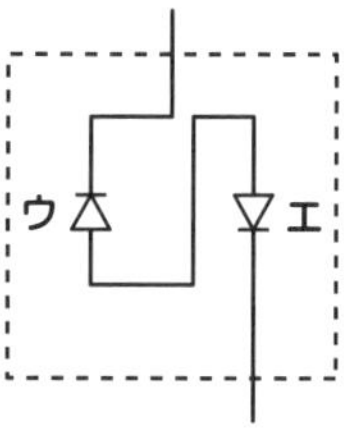

図C

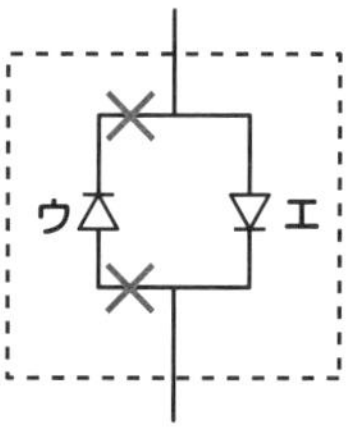

3 ① 各年4月の二酸化炭素濃度《のうど》は，1年目は404ppm，2年目は408ppm，3年目は410ppm，4年目は412ppmと年々増え続けていることが，グラフから読みとれます。

② 空気中の二酸化炭素の濃度《のうど》は，森林などの植物の活動によって変わります。1年の中でも，春から夏にかけては昼の長さが長くなり，光合成がさかんに行われるため，多くの二酸化炭素が植物によって吸収《きゅうしゅう》されます。そのため，春から夏にかけては，空気中の二酸化炭素の濃度は下がっていきます。また，秋から冬にかけては多くの植物の葉が落ち，光合成の量が減るため，二酸化炭素の濃度は上がっていきます。温室効果ガスの増加が，地球《ちきゅう》温暖化《おんだんか》が起こる原因の1つと考えられており，温室効果ガスの中でも特に二酸化炭素の増加が，現在世界的に大きな問題となっています。

③ 住宅《じゅうたく》などをつくるために森林の面積が減ると，光合成によって植物に吸収される二酸化炭素が減るため，結果として空気中の二酸化炭素は増えます。また，自動車の燃料のガソリンを使うと二酸化炭素がはい出されます。空気中の二酸化炭素が増え，地球の温度が上がると地球の環境《かんきょう》が変わり，その環境の変化が原因で多くの野生生物が数を減らしているということもわかってきました。近年では，二酸化炭素が増えないようにするために，さまざまな対策《たいさく》が考えられています。

4 グラフから水酸化ナトリウム水よう液100cm^3とちょうど中和《ちゅうわ》して食塩水となる塩酸の体積は25cm^3とわかります。

① 赤色のリトマス紙にアルカリ性の水よう液をつけると，青色に変わります。赤色のリトマス紙に酸性の水よう液をつけても，赤色のままです。水よう液Aでは，塩酸がなくなり水酸化ナトリウムが残っているので，アルカリ性になっています。したがって，赤色のリトマス紙は青色に変わります。

② アルミニウムは，酸性の塩酸ともアルカリ性の水酸化ナトリウムとも反応して，水素を発生させます。水よう液AとBには水酸化ナトリム液が残っていて，水よう液C，D，Eには塩酸が残っています。

③ グラフから，水酸化ナトリウム水よう液100cm^3に塩酸25cm^3を混ぜ合わせたときに1.5gの食塩ができることが読み取れます。したがって，塩酸20cm^3を加えたときにできる食塩は，$1.5\times(20\div25)=1.2$（g）になります。なお，グラフより水よう液Bを蒸発《じょうはつ》させたときに残った固体の重さは1.4gです。差の（$1.4-1.2=$）0.2gは反応せずに残った水酸化ナトリウムです。

④ 水よう液A～Eにはそれぞれ水酸化ナトリウム1gがとけているので，水酸化ナトリウム1gとちょうど反応する塩酸は25cm^3です。したがって，水酸化ナトリウムが2倍の2gになると，ちょうど反応する塩酸は，25cm^3の2倍の50cm^3となります。

1 確認《かくにん》テスト

答え

1　1　①　三権分立
　　　②　（例）権力の集中を防ぐ（8字）
　2　**A　ウ　B　イ　C　カ**
　　　D　オ　E　エ　F　ア
　3　裁判員
　4　**イ**

2　1　**ウ**
　2　**ウ**
　3　（例）防衛関係費が国の予算に占める割合は低くなってきているが，金額は増えている。

3　1　**C　→　A　→　B**
　2　**あ**　法隆寺
　　　い　前方後円墳
　3　㋐
　4　**エ**

考え方

1　1　①国会は法律《ほうりつ》を制定する権力（立法権）をもち，内閣は実際に政治を行う権力（行政権）をもち，裁判所は法律にもとづいた問題解決をする権力（司法権）をもっています。権力の集中を防ぎ，これらの権力が暴走しないように，おたがいをおさえ合うしくみのことを三権分立といいます。

②　権力を集中させないということが書けていれば正解です。

2　単に言葉を覚えるのではなく，しくみを理解しましょう。

国会は国権の最高機関です。そのため，実際に政治を行う内閣の長である内閣総理大臣の指名権をもち，内閣による政治が国の政治としてふさわしくないと判断されれば，内閣不信任を決議することができます。

このようなしくみであるため，国民が内閣の各大臣の指名・不信任に直接かかわることはできません。しかし，支持・不支持や意見をうったえかけること，つまり世論《よろん》《せろん》によって，国の政治にえいきょうをあたえています。

また，裁判所《さいばんしょ》は，国会・内閣がそれぞれ憲法《けんぽう》に違反《いはん》するような行為《こうい》をしていないか審査《しんさ》するはたらきがあります。しかし，その力を使うのにふさわしい裁判官ではないと判断されれば，国会は弾劾《だんがい》裁判（裁判官をやめさせるかどうかを審議する裁判）を行うことができます。

3　裁判員制度は，2009年から始まりました。国民が参加できる裁判の対象は，殺人などのような重大な犯罪であることと，各都道府県に設置されている地方裁判所でおこなわれる第1審（1回目の裁判）であることに限定されています。国民が裁判に参加することによって，裁判の内容や進め方に国民の意見が反映《はんえい》されることになるうえ，裁判に対する国民の理解が深まることが期待できます。

4　**ア　グラフ1**から，投票率は全体的に見れば低下していますが，その時々によって上がり下がりがあるため，下がり続けてはいないことが読みとれます。

ウ　グラフ1を見ると2000年までで全体の投票率がいちばん低かったときは1996年でしたが，**グラフ2**を見ると，20才代の投票率が初めて50%を下回ったのは1993年であることがわかります。

エ　グラフ２で60才代の投票率を見ると，1983年以降《いこう》，常に最大であることがわかります。

近年若者《わかもの》を中心とした選挙の投票率の低さが問題になっています。2016年の選挙より選挙権が満18才以上に認《みと》められるようになったことからも，若い世代には税金の使われ方など政治に関心をもち，日々の暮《く》らしにどのように反映されているかといったことを考えることが求められます。

2 **1**　憲法第96条に，国民投票について書かれています。国会で憲法改正の発議がされた後に国民投票をするので，**ア**はまちがいです。**イ**の国民審査は参議院議員選挙ではなく，衆議院《しゅうぎいん》議員総選挙のときに行われます。最高裁判所裁判官が任命された後に初めて行われる衆議院議員総選挙のときと，その審査後10年を経過した衆議院議員総選挙のたびに，審査を受けます。**エ**については３分の１ではなく，50分の１以上の署名《しょめい》を集めると，条例の制定を求めることができます。**ウ**は正解です。なお，衆議院議員と市区町村長は満25才になると立候補《りっこうほ》ができます。

2　憲法第27条に働く義務，憲法第26条に子どもに教育を受けさせる義務，憲法第30条に税金を納《おさ》める義務が定められています。兵役の義務は大《だい》日本帝国《にほんていこく》憲法で定められていた義務で，他に税金を納める義務も定められていました。

3　折れ線グラフの「国の予算にしめる割合《わりあい》」が1995年をのぞいて年々下がっていることと，棒《ぼう》グラフの「防衛関係費」が年々増加の傾向《けいこう》にあることの両方を読み取って書けていれば正解です。

3 **1**　**A**の「聖徳太子《しょうとくたいし》」，**B**の「聖武天皇《しょうむてんのう》」，**C**の「古墳《こふん》」をキーワードとし，それぞれがどの時代であるのかを考えます。**A**は飛鳥《あすか》時代，**B**は奈良時代，**C**は古墳時代であることがわかります。

2　**あ**は「聖徳太子が建立」，「世界最古の木造建築」ということから法隆寺《ほうりゅうじ》を指しているとわかります。**い**は「大阪府堺《さかい》市」，「日本最大」の「仁徳《にんとく》天皇陵《りょう》古墳（大仙《だいせん》古墳）」ということから，前方後円墳であるとわかります。

3　下線部ⓐ「むすめを天皇のきさきにして政治の実権をにぎった」のは，平安時代に強大な力をもった貴族《きぞく》である藤原《ふじわら》氏です。特に，最大の力を持っていた時期の藤原道長《みちなが》は，「この世をば　わが世とぞ思う　望月《もちづき》の　かけたることも　なしと思えば（この世は　自分（道長）のもので　満月のように　足りないものは何もない）」という歌をよんだほどでした。聖徳太子は天皇の一族に生まれ，天皇を助ける役職である摂政《せっしょう》として，天皇中心の国づくりを行い，仏教の教えを人々に広めようとしました。

4　東大寺の正倉院《しょうそういん》には，聖武天皇が使っていた宝物《ほうもつ》以外に，大仏の開眼式のときに使われた道具など，約9000点が納《おさ》められています。**ア**は弥生《やよい》時代に稲《いね》をたくわえた倉庫，**イ**は寺院の建物の１つ，**ウ**は平安時代の貴族の屋しきの形式です。

2 確認《かくにん》テスト

答え

1　1 （例）キリスト教を広めるおそれがなかった

　2 ② 鉄砲《てっぽう》 ③ 洋書

　3 **資料1 ア 資料2 エ**

2　1 （例）石塁《せきるい》を築いた。

　2 ① **ア**

　② （例）鉄砲を組織的に使っている

3　1 鎌倉《かまくら》 2 **ウ**

　3 （例）京都の警備《けいび》や朝廷《ちょうてい》の監《かん》視《し》

　4 （例）全国に広まるようになった

　5 鎌倉府 6 **ア・ウ**（順不同）

考え方

1 1 中国とオランダが江戸《えど》時代の人々にキリスト教を広めるおそれはない，ということが書けていれば正解です。

図1のように，戦国時代にはポルトガルやスペインの船が日本に来航し，南蛮《なんばん》貿易が始まりました。鹿児島に上陸したフランシスコ・ザビエルに続き，多くの宣教師《せんきょうし》が日本国内でキリスト教を広め，戦国大名たちも信仰《しんこう》するようになりました。しかし江戸時代に入ると江戸幕府はキリスト教を禁止するようになり，キリスト教徒の起こした島原《しまばら》・天草一揆《あまくさいっき》などののち，キリスト教の取りしまりを強化しました。そのため，貿易でもスペインやポルトガルの船の来航を禁止しました。**図2**にある中国はキリスト教の国ではなく，またオランダは宣教師によるキリスト教の布教を行わないとしていたので，幕府は貿易を認《みと》めました。

江戸時代の日本の窓口

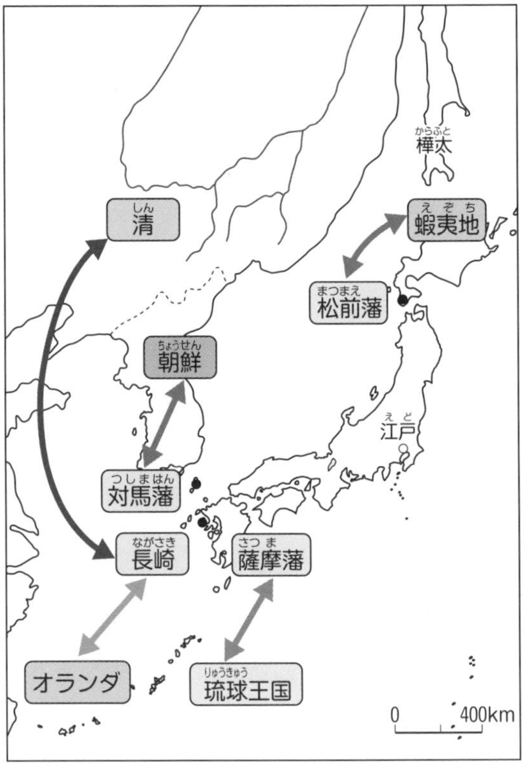

2 戦国時代に輸入され始めた鉄砲は日本でも生産されるようになりました。江戸時代には洋書（海外の本）による研究が始まり，オランダからもたらされた学問ということで「蘭学《らんがく》」が発展《はってん》しました。

3 **資料1**は「解体新書《かいたいしんしょ》」の解剖図《かいぼうず》です。杉田玄白《すぎたげんぱく》がオランダ語の医学書である「ターヘル・アナトミア」を前野《まえの》良沢《りょうたく》らと翻訳《ほんやく》し，出版しました。**資料2**は伊能忠敬《いのうただたか》による日本地図です。伊能忠敬は日本全国を歩いて測量し，正確な日本地図を完成させました。**イ**の葛飾北斎《かつしかほくさい》は「富嶽《ふがく》三十六景《けい》」などを，**オ**の歌川広重《うたがわひろしげ》は「東海道《とうかいどう》五《ご》十三次《じゅうさんつぎ》」などをえがいた，江戸時代後期の浮世絵師《うきよえし》です。**ウ**の本居宣長《もとおりのりなが》は江戸時代に国学を研究した学者で，「古事記伝《こじきでん》」を著《あらわ》しました。

2 1 「石塁（防塁《ぼうるい》）」に関することが書けていれば正解です。幕府軍は，当時の日本にはなかった火薬武器である「てつはう」や，集団でせめてくる元《げん》の戦い方に苦しめられました。しかし，幕府は1度目の元軍との戦いのあと，**資料2**のような石塁をつくって対策《たいさく》をとっていたため，2度目に元軍がせめてきたときは上陸するのを防ぐことができました。

2 織田信長は，貿易の中心地として栄えていた堺《さかい》（現在の大阪府）を支配下に置き，鉄砲を多く手に入れることができました。その鉄砲を使って，大きな成果をあげたのが，長篠《ながしの》の戦いでした。武器として鉄砲を使っている**ア**が織田・徳川連合軍です。②は，「鉄砲を使用した」ということが書けていれば正解です。

3 1 **図1**と**図2**がそれぞれどの幕府のしくみであるかを理解している必要があります。**図1**は1221年の承久《じょうきゅう》の乱《らん》のあとに設置された「六波羅探題《ろくはらたんだい》」があることから，鎌倉《かまくら》幕府のしくみであることがわかります。将軍《しょうぐん》の補佐《ほさ》をしていたのは執権《しっけん》という役職で，代々北条《ほうじょう》氏がついていました。また，幕府から地方に派遣《はけん》される武士のうち，軍事・警察の役割《やくわり》をするのが「守護《しゅご》」で，税の取り立てをする役割が「地頭」です。この役職は室町《むろまち》幕府にも受けつがれました。**図2**では将軍の補佐をする役職は管領《かんれい》であり，関東から東北地方を支配する鎌倉府も置かれているので，室町幕府のしくみだとわかります。

2 **ウ**は豊臣秀吉《とよとみひでよし》を説明した文です。秀吉は明《みん》を支配するために朝鮮《ちょうせん》を侵略《しんりゃく》しようとしましたが，途中《とちゅう》で病死し，残った豊臣軍は引き上げました。**ア**は北条政子《まさこ》，**エ**は北条時宗《ときむね》についての説明です。**イ**の御成敗式目《ごせいばいしきもく》は承久の乱のあとに北条泰時《やすとき》らによってつくられました。

3 「京都を警備する」，「朝廷《ちょうてい》を監視《かんし》する」，ということが書けていれば正解です。

なお，六波羅探題は1221年の承久の乱のあとに設置されましたが，1333年に鎌倉幕府が滅亡《めつぼう》するとともに廃止《はいし》されました。

4 鎌倉幕府の支配が東国だけでなく西国にも，つまり全国に広まった，ということが書けていれば正解です。

承久の乱のあと，朝廷側に味方した武士などの土地が没収《ぼっしゅう》され，御家人《ごけにん》に分けられました。その結果，それらの土地にも地頭《じとう》が置かれることになり，幕府の支配が全国に広がることになりました。

5 室町幕府が関東を支配するために設置されたのが鎌倉府です。その後，東北地方の支配もするようになりました。

6 **ア**は「伝統芸能をあつく保護」から足利義満《あしかがよしみつ》，**ウ**は「書院造《しょいんづくり》を取り入れた建物」から銀閣《ぎんかく》（慈照寺《じしょうじ》）の一部である東求堂《とうぐどう》の書院造があてはまり，銀閣を建てた足利義政《よしまさ》の説明だとわかります。それぞれ室町幕府の将軍です。**図2**は室町幕府のしくみであるため，**ア**と**ウ**が正解です。

イは源義経《みなもとのよしつね》についての説明で，「壇ノ浦《だんのうら》の戦い」とあるので平安時代末期，**エ**は徳川家光《とくがわいえみつ》についての説明で，「参勤交代《さんきんこうたい》の制度」とあるので江戸時代にあたります。

3 確認《かくにん》テスト

答え

[1] ❶ ① 輸出 ② 輸入
③ 働く人 ④ 2 ⑤ 14
❷ **資料5 A**　**資料6 C**

[2] 野口英世：**イ**
田中正造：**ウ**
小村寿太郎：**ア**

[3] ❶ ① **ケ** ② **イ** ③ **カ**
❷ **A** アメリカ（合衆国）
B 中国［中華人民共和国］
C 日本
❸ ① アフリカ
② 貧困層《ひんこんそう》［1日1.9ドル未満で生活する人口］
③ 人的資源《しげん》
④ 保健・医療《いりょう》

考え方

[1]❶ ①②③ **資料1**を見ると，1896年に輸入量と輸出量の折れ線グラフが交差し，輸出量が輸入量に追いついたことがわかります。また，**資料2**から，同じ1896年ごろから「働く人の数」が増えていることを読みとることができます。明治政府は殖産興業《しょくさんこうぎょう》というスローガンをかかげ，国が官営《かんえい》工場を開いて近代的な工業をおこしました。その代表的な例である群馬県の富岡《とみおか》製糸場では，1872年に外国から設備を輸入し，フランス人技師を招きました。その結果，1890年代から工場が増え始め，生糸・綿糸・絹《きぬ》織物を中心としたせんい工業が発達しました。

④ 説明文で「せんい製品」と書かれているので，1890年のグラフと1910年のグラフからせんい製品を選びます。1890年は生糸だけで24.5%でしたが，1910年は生糸・綿糸・絹織物・綿織物の4品で50.0%をしめています。よって，割合《わりあい》がおよそ2倍になったということがわかります。

⑤ **資料4**の中央に就業時間が書かれています。製糸工場・紡績《ぼうせき》工場の労働者のほとんどは若《わか》い女性で，朝早くから夜おそくまで働かされていました。のちに大正時代になって，このような長時間労働から労働者の生活を守るための労働運動が起こりました。

❷ **資料5** 当時の東アジア情勢をあらわした風刺画《ふうしが》で，服装《ふくそう》からどの国をあらわしているかを考えます。左側でつりをしている侍《さむらい》（日本）と右側でつりをしている帽子《ぼうし》の男（中国）がたがいに同じ魚（朝鮮《ちょうせん》）を手に入れようとしている場面です。また，その様子を橋の上からながめてたばこをすっている男（ロシア）が，あわよくばその魚を手にしようとねらっているのです（漁夫の利）。日本は当時，勢力をのばそうと，朝鮮をねらいました。しかし，朝鮮は清《しん》（中国）との結びつきが強いため清と日本は対立し，日清戦争が起こります。よって，日清戦争が起こった1894年がふくまれる**A**の時期だとわかります。

資料6 右の3人はよく見ると，右から順に，胸元《むなもと》にそれぞれ「米」・「英」・「日」と書かれており，それぞれ「アメリカ」「イギリス」「日本」をあらわしています。そして左で座《すわ》ってなべをつついている男がロシアです。

当時，ロシアも南に領土を広げようと，中国東北部（満州《まんしゅう》）や朝鮮《ちょうせん》半島をねらっていました。そのため日本とロシアは対立し，日露《にちろ》戦争が起こりました。よって，1904 年がふくまれる**C**の時期だとわかります。広大な領土と強大な力をもつロシアを警戒《けいかい》していたイギリスとアメリカは日本に協力し，戦争に必要な費用などを支援《しえん》しました。

2　**ア**は小村寿太郎《こむらじゅたろう》です。「1911 年当時の外務大臣」であり，日本の関税自主権を回復させました。なお，1894 年に領事裁判権《りょうじさいばんけん》をなくすことに成功した外務大臣は陸奥宗光《むつむねみつ》であることも覚えておきましょう。

イは野口英世《のぐちひでよ》です。破傷風《はしょうふう》の治りょう法を発見した北里柴三郎《きたさとしばさぶろう》が設立した研究所に所属しました。黄熱病の研究をしている間に自身が黄熱病に感染《かんせん》し，亡《な》くなりました。

ウは「衆議院《しゅうぎいん》議員」で，足尾《あしお》銅山の「鉱毒事件」の解決をめざした田中《たなか》正造《しょうぞう》です。

3　1　地球温暖化《おんだんか》は，私たちが生活の中で排出《はいしゅつ》している二酸化炭素などの温室効果ガスが増加し，大気中の濃度《のうど》が高くなることで起こっています。平均気温の上昇《じょうしょう》によって，植物の育成がさまたげられ，動物の生活がおびやかされます。こうした問題への対策《たいさく》として，2015 年には国連気候変動枠組《わくぐみ》条約を結んだ世界各国で，温室効果ガスの削減《さくげん》目標が定められました。

右上の図のように地球温暖化だけでなく，熱帯雨林の減少，砂漠化《さばくか》，酸性雨などさまざまな環境《かんきょう》問題に世界全体で取り組むことが求められています。

2　国連分担金《ぶんたんきん》の割合《わりあい》はその国の経済力

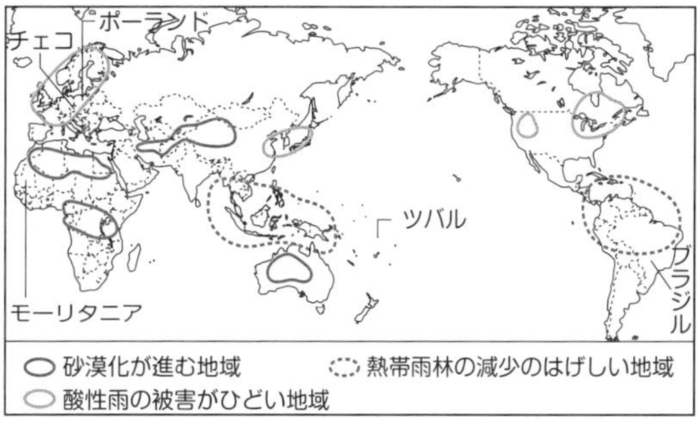

に比例して決められます。**A**は，国際連合の本部があるということからアメリカ合衆国だとわかります。**B**は，アジアの常任理事国ということから中国（中華人民共和国）とわかります。近年，中国は経済発展《けいざいはってん》がめざましく，分担金の割合でアメリカに次いで２番目になっています。**C**は，1956 年に加盟国となった日本です。日本が加盟の申請をしたのは 1952 年でしたが，実現したのは４年後でした。

3　青年海外協力隊は，開発途上《とじょう》国（経済発展や開発がおくれている国）への支援《しえん》をしています。開発途上国はアジアやアフリカ，中南米に多く，派《は》遣《けん》もその地域《ちいき》に集中します。これらの地域では学校に行けない子どもたちが多く，識字率も低いため，教育関連のボランティアとして多くの人々が活やくしています。また，水道や電気，医《い》療《りょう》などの整備が不十分なため，保健・医療の分野での協力が求められています。①は，**資料３**で最も割合が高い「アフリカ」です。②は，**資料５**を見るため，「貧困層」が入ります。アフリカや中南米は**資料５**では赤くぬられた地域が多く，貧困層が多いことがわかります。③は，教育やスポーツの指導の「人的資源」です。④は「看護師や助産師」とあるので，「保健・医療」です。

1 確認《かくにん》テスト

答え

1 イ

2 ゆり　　あみ　　けんた

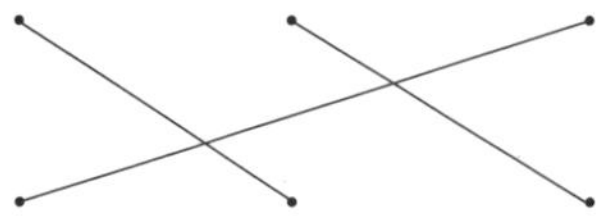

yellow　　green　　science

3 ① ピアノをひくこと。

② 上手に料理をすること。

4 〈例〉 I'm good at cooking.

5 ① mountain ② camping

6 〈例〉 It was interesting.

7 絵をかく

8 ア→ウ→イ

考え方

1

さとる：Who is this?「この人はだれなの？」

まこ：She is Saki. She is a great pianist. She can play the piano very well.「彼女《かのじょ》はさきだよ。すばらしいピアニストなんだよ。彼女はとても上手にピアノをひくことができるよ。」

She can ～は「彼女は～することができる」，play the piano は「ピアノをひく」という意味です。

2

（質問）What is your favorite color, Yuri?「ゆり，あなたのいちばん好きな色は何ですか？」

ゆり：It's green.「緑色です。」

（質問）What is your favorite subject, Ami?「あみ，あなたのいちばん好きな教科は何ですか？」

あみ：It's science.「理科です。」

（質問）What color do you like, Kenta?「けんた，あなたは何色が好きですか？」

けんた：I like yellow.「ぼくは黄色が好きです。」

favorite color は「いちばん好きな色」，favorite subject は「いちばん好きな教科」，what color は「何色」という意味です。

3

しんじ：What are you good at, Mary?「メアリー，きみは何が得意なの？」

メアリー：I'm good at playing the piano. I can cook well.「わたしはピアノをひくことが得意よ。わたしは上手に料理をすることができるよ。」

I'm good at ～は「わたしは～が得意」，playing the piano は「ピアノをひくこと」，I can cook well. は「わたしは上手に料理をすることができる。」という意味です。

4

（質問）Hi, I'm good at playing soccer. What are you good at?「こんにちは，ぼくはサッカーが得意だよ。きみは何が得意？」

〈解答例1〉 I'm good at swimming.「わたしは泳ぐことが得意です。」

〈解答例2〉 I'm good at speaking English.「わたしは英語を話すことが得意です。」

動きを表す語は～ing をつけた形にすると「～すること」という意味になります。

〈例〉 run「走る」→ running「走ること」

5

This summer, I went to the mountain.「この夏，わたしは山に行きました。」

I enjoyed camping.「わたしはキャンプを楽しみました。」

選《せん》択《たく》肢《し》の river は「川」，swimming は「泳ぐこと」という意味です。

6

しょうた：Hi, I went to Mt. Fuji. I saw beautiful lakes.「こんにちは，ぼくは富士山《ふじさん》へ行きました。きれいな湖を見ました。」

〈解答例 1〉It was interesting.「それはおもしろかったです。」

〈解答例 2〉It was great.「それはすばらしかったです。」

It was ～.は「それは～でした。」という意味です。～の部分に感想となる単語を入れましょう。

7

父：It's rainy. What do you want to do today, Jun?「雨が降《ふ》っているね。じゅん，今日は何をしたいかな？」

じゅん：I want to play games today.「ぼくは今日ゲームをしたいな。」

父：I see. What about you, Yuka?「わかったよ。ゆか，きみは何をしたいかな？」

ゆか：I want to draw pictures.「わたしは絵をかきたいな。」

父：That's good.「それはいいね。」

want to ～は「～したい」，play games は「ゲームをする」，draw pictures は「絵をかく」という意味です。

8

次の順番で話していました。

ア We have a zoo in our town.「ぼくたちの町には動物園があるよ。」

イ We can eat lunch, too.「ぼくたちは昼食を食べることもできるよ。」

ウ We can see many animals there.「そこではたくさんの動物を見ることができるよ。」

りょうたはまず，町に動物園があることを伝えて，そのあとにたくさんの動物を見ることができる，昼食を食べることもできると説明しています。

2 確認《かくにん》テスト

答え

1 (あるもの) **ア**
(ないもの) **ウ**

2 **ア**

3 ① **ウ**　② **イ**　③ **ア**

4 ①〈解答例〉
I want to be a teacher.
②〈解答例〉
I like science.

5 (入りたいクラブ) 美術部
(理由) 絵を上手にかくことができる (から。)

6 **イ**

7 (小学校の一番の思い出) **イ**
(中学校で楽しみたいこと) **ア**

8 ① read many books
② practice basketball hard

考え方

1

ボブ：Do you have a pool in your town?「あなたたちの町にプールはありますか？」

けいこ：No, we don't.「いいえ，ありません。」

ボブ：Do you have a museum in your town?「あなたたちの町に美術館はありますか？」

けいこ：Yes, we do. We can see beautiful pictures.「はい，ありますよ。美しい絵を見ることができます。」

ボブ：That's good.「それはいいですね。」

Do you have ～?「～はありますか？」という質問に対して，Yes か No のどちらで答えているかに注目して聞き取りましょう。

2

ようじ：We can take a walk here. We can enjoy cycling here, too.「ここでは散歩ができるよ。ここで自転車に乗ることも楽しめるよ。」

take a walk は「散歩をする」，cycling は「自転車に乗ること」という意味です。

3

①先生：Ken, what do you want to be in the future?「けん，あなたは将来《しょうらい》，何になりたいですか？」

けん：I want to be a singer. I like music.「ぼくは歌手になりたいです。ぼくは音楽が好きです。」

②先生：Jun, what do you want to be in the future?「じゅん，あなたは将来，何になりたいですか？」

じゅん：I want to be a vet. I like animals.「ぼくは獣医《じゅうい》になりたいです。ぼくは動物が好きです。」

③先生：Taro, what do you want to be in the future?「たろう，あなたは将来，何になりたいですか？」

たろう：I want to be a cook. I like food.「ぼくは料理人になりたいです。ぼくは食べ物が好きです。」

4

(質問) I want to be a comedian. How about you? What do you want to be in the future?「わたしはコメディアンになりたいです。あなたはどうですか？　あなたは将来，何になりたいですか？」

①〈解答例〉I want to be a teacher.「わたしは先生になりたいです。」

②〈解答例〉I like science.「わたしは理科が好きです。」

I want to be ～. は「わたしは～になりたいです。」という意味です。I like ～.

「～が好きです。」やI want to ～.「～したいです。」を使って理由を説明しましょう。

5

ゆり：What club do you want to join?
「あなたは何のクラブに入りたいの？」

トム：I want to join the art club.「ぼくは美術部に入りたいよ。」

ゆり：Why do you want to join the art club?「あなたはなぜ，美術部に入りたいの？」

トム：I can draw pictures well.「ぼくは絵を上手にかくことができるんだ。」

ゆり：That's good.「それはいいね。」

join the art club は「美術部に入る」という意味です。美術部に入りたい理由をゆりに聞かれて，トムはI can draw pictures well.「絵を上手にかくことができるんだ。」と答えています。

6

Hello, everyone. I'm Takuya. What do you want to do at junior high school? I want to play tennis hard. I want to be a tennis player in the future.「みなさん，こんにちは。ぼくはたくやです。中学校では何をしたいですか？　ぼくはテニスを一《いっ》生懸命《しょうけんめい》やりたいです。ぼくは将来，テニス選手になりたいです。」

want to play tennis hard で「一生懸命テニスをしたい」，つまり，「テニスをがんばりたい」という意味です。

7

My best memory is the music festival. I enjoyed singing. At junior high school, I want to enjoy the sports day. I like P.E., too.
「わたしのいちばんの思い出は音楽会です。わたしは歌うことを楽しみました。中学校では，運動会を楽しみたいです。わたしは体育も好きです。」

best memory は「いちばんの思い出」という意味です。

8

Hello, everyone. What do you want to do at junior high school? I want to read many books. I want to practice basketball hard, too. Thank you.「みなさん，こんにちは。みなさんは中学校で何をしたいですか？　わたしはたくさんの本を読みたいです。わたしはバスケットボールの練習も一生懸命したいです。ありがとうございました。」

want to ～「～したい」の部分を聞き取ることが重要です。I want to のあとの read many books「たくさんの本を読む」と practice basketball hard「バスケットボールの練習を一生懸命する」を聞き取りましょう。

「お」「さん」はつけません。「父」「母」「兄」「姉」「祖父」「祖母」などを使います。

4

(1) 1〜3行目から、祐也《ゆうや》は、勉強がよくできる兄にかなわないと感じており、両親も、それをしかたがないことだと受け入れてしまっていることがわかります。単純《たんじゅん》に、かなわないことがくやしいだけでなく、両親がそのように思っていることも祐也のくやしさを大きくしているのです。12〜14行目の、「プロの棋士《きし》になる」ことで「兄とかたを並《なら》べる」ことができる、「兄に対して引け目を感じ」たくないという心情をまとめましょう。

(2) ——②にふくまれる「あんなふう」という指示語の内容をおさえましょう。直前の「みんな、鬼《おに》のようだった」から、他の奨励《しょうれい》会員たちがどうしても勝ちたいという気魄《きはく》〈=はげしい意気ごみ・気分〉をむき出しにして祐也に向かってくる様子がえがかれています。祐也は相手を圧倒《あっとう》するような気魄《きはく》で戦うことができなかったのです。

(3) この場面の状況《じょうきょう》をおさえましょう。41・42行目の父親のせりふから、以前に裕也が「将棋《しょうぎ》と勉強を両立させてみせる」と言っていたことがわかります。また、31・32行目には、「来年こそは奨励会試験《しょうれいかいしけん》に合格してみせると意気ごみ」を両親に語っています。それなのに、現実は、将棋《しょうぎ》の研究会の対局ではさっぱり勝てなくなり、また、学校のテストでも点数が落ちてしまいました。それを両親にも知られて、裕也は面目を失っているのです。その気持ちにあてはまるのは**ウ**「立つ瀬《せ》がなかった〈=自分の立場がなくなる〉」です。

ア「身につまされた」は、〈ほかの人の気持ちが切実に感じられる〉、**イ**「矢も楯《たて》もたまらなかった」は〈何かをしたい気持ちをとどめておくことができない〉、**エ**「背《せ》に腹《はら》はかえられなかった」は、〈大きな損害をさけるために、多少のぎせいはしかたがない〉という意味です。

(4) 本文の内容と選択肢《せんたくし》とを一つ一つ照らし合わせながら正《せい》誤《ご》を判断しましょう。41・42行目に「将棋《しょうぎ》と勉強を両立させてみせるというおまえのことばを信じてきたが、あれはうそだったのか」という父親の言葉からわかるように、「両立する」と言っていたのに、現実にはどちらもふるわないのです。したがって**ウ**が正解です。

アは、「将棋《しょうぎ》に集中している」とありますが、17・18行目に「将棋《しょうぎ》を指しているときには、学校の勉強をおろそかにしていることが気になってしまう」とあるので、勉強を後回しにして、将棋《しょうぎ》に集中できたわけではありません。

さらに、16〜18行目「授業中も、ふと気がつくと将棋《しょうぎ》のことを考えている。反対に、将棋《しょうぎ》を指しているときには、学校の勉強をおろそかにしていることが気になってしまう」とあることから、**イ**の「勉強をしたい気持ちのほうが強くて」や、**エ**「勉強をぎせいにしてでも」もまちがいです。

5 確認《かくにん》テスト

答え

1 (1) 延期 (2) 拡大 (3) 改革 (4) 射的
(5) 誠意 (6) 臨時 (7) 卵白 (8) 立候補
(9) のうひん (10) こうう

2 (1) 来ます (2) ご案内する

3 (1) 申します (2) ○ (3) 父

4 (1) (例) 兄に引け目を感じなくて済むようにしたかったから。(24字) ／勉強ではかなわない兄とかたを並べたいから。(21字)

〈まるつけのポイント〉

□「兄に対して引け目を感じなく済むようになる」「兄とかたを並べる」とのどちらかが書けている。

□「から」「ので」など、理由を表す文末表現で書けている。

(2) (例) どうしても相手に勝ちたいという気魄を見せて戦うこと。

〈まるつけのポイント〉

□「相手に勝ちたい」「絶対に負けない」という気持ちが並外れた様子であることが書けている。

□文末が「〜こと」で結ばれていること。

(3) **ウ** (4) **ウ**

考え方

2 敬語《けいご》には、尊敬語《そんけいご》・けんじょう語・ていねい語の三種類があります。

○尊敬語…相手や話題にしている人物の動作に対して使う。
○けんじょう語…自分や身内の動作に対して使う。
○ていねい語…聞き手や読み手にていねいな気持ちを表すために使う。

(1) 動詞《どうし》の場合は、ふつうの表現に「ます」をつけることによって、文章を読んでいる人や発言を直接聞いている人に対して敬意を表すていねい語になります。

(2) 動詞のふつうの表現を「お（ご）〜する」という形に変えると、自分がした動作を下げて相手への敬意を表現するけんじょう語になります。和語には「お」を、漢語には「ご」をつけます。たとえば、「案内」であれば、「ご案内する」と言いますが、「お案内する」とは言いません。また、けんじょう語にするには、「お（ご）〜する」という形か、「いただく」「うかがう」などの特別な表現を使います。「いただく」は「もらう」、「うかがう」は「行く・訪《ほう》問《もん》する」「聞く」「たずねる」のけんじょう語です。

3 (1) 自分の名前を名乗るときはけんじょう語を使って、「〜と申します」と表現します。

(2) 田中さんが、お父さんがいるかどうかをたずねている場面です。田中さんはお父さんの部下なので、お父さんに対して尊敬語を使っています。

(3) 家族以外の人との会話で家族を指す言葉を使うときは、

4

(1) ——①直前の「最強の労働者」と書かれている、さらに前の部分に、人間と比べたロボットの長所が書かれています。6〜8行目で「『匠《たくみ》』たちが何十年もかけて身につけてきた技術も、コンピュータが一瞬《いっしゅん》にしてコピーしてしまう」ということが、続く8〜11行目で、空腹《くうふく》や休み・給料などの「文句を言ってくることもない。24時間黙々《もくもく》と働いてくれる」ということが書かれているので、ここから空欄《くうらん》に合う言葉を探《さが》しましょう。

(2) これからの時代において若者《わかもの》は大人に答えを教えてもらうことはできません。35行目にある通り「大人たちは、その答えを知らない」からです。ですから筆者は、若者が現実を直視《ちょくし》した上で、「きみたちの手で、きみたちだけの未来をつくっていくのだ（46・47行目）」と、自分たち自身で未来を切り開かなければならないということを述べています。43・44行目の「だれが未来をつくるのか？　きみたちだ」に対応して、「Aに生きる大人たちに、Bをつくる力はない」とあるので、未来をつくれるのは「きみたち」で、大人たちはつくれないということです。よって、Bには「未来」が入ります。また、大人たちが「未来」をつくれないのは、「過去」に生きているからなので、Aには「過去」が入ります。

空欄にあてはまる言葉を考えるときは、必ず実際に空欄に言葉を入れて読み、意味が通るかどうかを確認《かくにん》するように心がけましょう。

(3) ——②までは、未来における暗い面ばかりが示されていますが、——②の直前には「でも、きみたちに朗報《ろうほう》だ」とあります。暗い面が予想される未来においても一つだけ希望を持てる内容が示されていることをとらえましょう。その希望とは、「未来は、つくることができる」という点です。これを「不幸中の幸い」と表すことができます。**ア**「焼け石に水」は〈努力や手助けが足りなくて、ほとんど効果がない様子〉、**ウ**「飛んで火に入《い》る夏の虫」は〈自ら災いの中に飛びこむこと〉、**エ**「論《ろん》より証拠《しょうこ》」は〈論じるよりも、証拠を示したほうがはっきりする〉という意味です。

(4) 文章全体の内容をよく読み、筆者の考えをとらえましょう。**ウ**の内容は第五段落《だんらく》、最終段落の内容と合っています。

ア 筆者は第二〜四段落でさまざまな具体例を挙げながら、人々の仕事が「ロボットに取って代わられる（5・6行目）」「うばわれやすい（17行目）」「ロボット化されたとしても不思議ではない（20・21行目）」と述べていますが、40行目以降《いこう》で未来は自分たちの手で切り開けるのだと言っています。

イ 11・12行目に「人間に勝ち目はないだろう」と書かれているように、筆者は、人間がロボットと競うことや、ロボットに勝つことを前提に話をしていません。したがって、「若者にはしっかり技術を身につけてほしい」がまちがいです。

エ 35行目に「残念ながら大人たちは、その答えを知らない。」と書かれていて、「答えを教えてもらいながら」というのがまちがいです。

4 確認《かくにん》テスト

答え

1 (1) 操縦 (2) 我 (3) 簡単 (4) 絹糸 (5) 回数券 (6) 私語 (7) 天窓 (8) 存分 (9) ちょうじょう (10) しおかぜ

2 (1) **ウ・い** (2) **イ・う** (3) **ア・え**

3 (1) **イ・オ／あ** (2) **ア・カ／お** (3) **ウ・エ／い**

4 (1) 技術・働いてくれる (2) **エ** (3) **イ** (4) **ウ**

考え方

2 二字熟語《じゅくご》の組み立ては、一字ずつに区切って訓読みをしたり、同じ漢字を使った別の熟語を考えたりして、それぞれの漢字の関係を考えましょう。

(1) 「温暖《おんだん》」は「温かい」「暖《あたた》かい」に分けられ、似た意味の漢字を組み合わせた熟語です。「寒冷」も、「寒い」「冷たい」に分けられ、似た意味の漢字を組み合わせた熟語です。

(2) 「再開」は、「再び」「開く」となり、上の字が下の字を修飾《しゅうしょく》（説明）する関係になっています。「熱帯」は、「熱い」「帯〈＝帯状になっている地域《ちいき》〉」となり、上の字が下の字を修飾（説明）する関係です。どちらも上から下に読みます。

(3) 「登山」は、「山に」「登る」となり、上の字が動作、下の字がその対象を表しています。「乗車」は、「車に」「乗る」となり、上の字が動作、下の字がその対象を表しています。このパターンでは、「～を」「～に」という形で下から上にかえって読むのが特徴《とくちょう》です。

「往復」は「往〈＝行き〉」と「復〈＝帰り〉」の反対の意味を組み合わせた熟語で、選択肢《せんたくし》の**あ**が対応します。

「国立」は「国が」「立てる」となり、上の漢字と下の漢字が主語・述語の関係にある熟語で、選択肢の**お**が対応します。「未定」は、上に打ち消しの語がついて、下の漢字の意味を打ち消す関係の熟語で、選択肢の**か**が対応します。

3 三字熟語の組み立ても、二字のものと同様一字ずつに区切り、それぞれの意味を考えながら関係をおさえましょう。

(1) 「等身大」は、「等身〈＝人の身長と等しいこと〉」の「大きさ」という関係になっています。**イ**「言語学」は、「言語」の「学問」、**オ**「社会科」は「社会」の「科目」という関係になっています。

(2) 「心技体」は、「心」「技」「体」と、一字ずつがすべて対等な関係になっています。同じように、**ア**「上中下」は「上」「中」「下」、**カ**「天地人」は「天」「地」「人」と、一字ずつが対等な関係である熟語です。

(3) 「正反対」は、「正《まさ》しく」「反対」という形になっています。**ウ**「高確率」は「高い」「確率」、**エ**「大自然」は「大きな」「自然」という形です。

選択肢**う**の例としては「現実的」「一体化」「可能性」などが、選択肢**え**の例としては「不可能」「非常識」「未解決」「無関係」などがあります。

4

(1)――①の前の「それ」は、息子《むすこ》の「気の合う子のとなりになれたら良いなあ」という「楽しみ」と「不安」のことです。そういった心の働きが「社会に出てからも付きまとう」と言っているのです。また、――①の後では、「隣家《りんか》に住まう相手や、会社などで共に働く相手次第で、天国にも地獄《じごく》にもなる」と言っています。この二つから考えると、――①は、「気の合う友人と共に行動したい」という気持ちを指していると考えられます。

ア「自分のよく知らない相手とも」とありますが、子どもにとっての席がえの楽しみや不安は、「仲の良い友達ととなりになりたい」という気持ちによって生まれるものなので、まちがいです。

イ「自分と意見の異《こと》なる人とかかわることで成長したい」とありますが、本文には書かれていない内容です。

エ 6行目に「楽しみであり不安」とありますが、これは、「仲の良い友人ととなりになったらいいな」という期待と、「となりになれるかどうかわからない」という不安を指しています。「楽しく過ごせる相手とはどのような人かを知りたい」は、本文に書かれていない内容なのでまちがいです。

(2)「対照的」とは、〈二つの物事にはっきりとしたちがいがある〉という意味です。したがって、隣人《りんじん》に対して、「愛する」とは大きくちがう態度が示されている部分を探《さが》せばよいので、「隣人《りんじん》」「マイナスの態度（＝争い・無関心）」という内容を意識して読み進めましょう。すると、43・44行目に「隣人《りんじん》への無関心と敵意《てきい》」という表現があり、ここが「十字で」という条件も満たします。

(3) □の前には「言語の統一」という話題が示されています。それに対し、直後では、「ヨーロッパ諸国《しょこく》がみな同じ言葉をしゃべるようになれば」と「言語の統一」について具体的な例が挙げられています。したがって、具体例を導くときに使う接続語「たとえば」が適切です。

(4)――③にふくまれる「その答え」という指示語が何を指すかということを最初におさえておきましょう。「その」は、直前の息子《むすこ》の発言である52行目の「そんな人いないよ？」を指しています。続けて「そんな人」とはどのような人かを考えると、筆者の発言である48行目の「一番となりに来てほしくない人」を指していることがわかります。つまり息子は、「一番となりに来てほしくない人（＝きらいな人）なんていないよ？」と言っているのです。ここまでの文章で、筆者は自分が受けてきた「隣人《りんじん》を愛せ」という教育の良さを振《ふ》り返《かえ》っているので、それとも合う内容になっている**エ**が正解です。

ア・イ「となりに来てほしくない人」とありますが、筆者は息子に他人に対する好ききらいがない人を望んでいるので、まちがいです。

ウ「隣人《りんじん》を愛せ」という教育の良さを述べているので、「周りの人に興味をもたない人」という内容と合いません。

3 確認《かくにん》テスト

答え

1
(1) 若者　(2) 海沿　(3) 収　(4) 垂直
(5) 傷口　(6) 従事　(7) 処分　(8) 障害物
(9) うけたまわ　(10) しゅくしょう

2
(1) 腹
(2) 胸
(3) **イ**

3
(1) 横好き・**ウ**
(2) 山となれ・**イ**

4
(1) **ウ**
(2) 隣人への無関心と敵意
(3) **イ**
(4) **エ**

考え方

2
(1) 「痛《いた》くもない腹《はら》をさぐられる」は、〈やましいところはないのに疑《うたが》われる〉という意味です。「痛くもない腹をさぐられておこり出す」などのように使われます。

(2) 「胸《むね》をなでおろす」は、〈ほっと安心する〉という意味です。「無事に合格していたので、ほっと胸をなでおろした」などのように使われます。

(3) 「火のないところに煙《けむり》は立たぬ」は、〈うわさが立つからには根拠《こんきょ》があるものだ〉という意味です。「火のないところに煙《けむり》は立たぬというし、原因になるような言動があったのだろうか」などのように使われます。

3
(1) 「下手の横好き」は、〈好きなだけであまり上手ではない〉という意味のことわざです。「下手の横好きで長年絵をかいているが、一向に上達しない」などのように使われます。反対の意味のことわざは、**ウ**「好きこそものの上手なれ」で、〈好きなことは熱心にやるので、早く上達する〉という意味です。

(2) 「あとは野となれ山となれ」は、〈今のことさえかたづけば、あとはどうなってもかまわない〉という意味のことわざです。「次にこの道具を使う人がいるのだから、あとは野となれ山となれで乱暴《らんぼう》にあつかってはいけない」などのように使われます。**ア**「旅の恥《はじ》はかき捨《す》て」も同じ意味です。反対の意味のことわざは、**イ**「立つ鳥あとをにごさず」で、〈あとが見苦しくないように、きちんと始末をする〉という意味です。

する返答になっています。したがって、梢の質問は「みんな死んじゃう」に近い形であると考えることができ、**イ**が正解だとわかります。選択肢《せんたくし》を一つにしぼれたら、必ず□に入れて読み、前後の内容がつながることを確認《かくにん》しましょう。

(2)　――①にふくまれる「そうじゃない」という指示語をふくむ表現の内容をおさえましょう。「みんな死んじゃうって、ほんとにそうなのかな」に続く「そうじゃない」なので、ここでは「みんな死ぬとは言えない」という意味になります。設問では植物について聞かれているので、「植物がみんな死ぬとは言えない」ということをおばあちゃんが梢《こずえ》に説明している部分を探《さが》します。そうすると、植物のことを具体的に語っているのは28行目からのせりふで、32行目以降《いこう》に「植物たちにとっては～かもしれない」の部分が見つかります。

文章中から何文字で探すのか指定があるので、きちんと文字数を数えて探します。また、初めと終わりの五字を書きぬくことにも注意しましょう。

(3)　45行目の「たしかに命は続いていくかもしれない。でも……。」は、梢が思ったことで、直前のせりふを言っているときの心の中を表しています。おばあちゃんが言うように、「植物の命は続いていく」かもしれない、でも……と考えている梢の思いです。42～44行目にある「その人が死んじゃったら、その人の考えていたことは全部消えちゃうよね。記憶《きおく》も、やりたかったことも」から、梢が「人が死んで身体や考えや記憶がなくなってしまうという点で、植物と同じように命が続いていくとは考えにくい」と思っていることをつかみ、わかりやすくまとめましょう。

(4)　48行目からのおばあちゃんの発言内容をまとめながら考えていきましょう。植物と同じように、人間も死ぬともちろん自分自身の体や存在《そんざい》自体は消えてしまいます。でも、子どもが自分と同じように生きることで命が続くと言えるのではないか、というのがおばあちゃんの考え方です。したがって、梢が言うように死んだら記憶も考えも消えてしまうのではなく、子どもに受けつがれて生き続けるのだ、という内容の**エ**が正解となります。

ア　「記憶も別の形に変わってしまう」とありますが、おばあちゃんは身体は変わっても生命が続いていくということを言っており、記憶が変わるかどうかについては語っていません。

イ　「簡単《かんたん》にかなう」とありますが、自分がやりたいと思うことを子どもが簡単にかなえるかどうかについてはおばあちゃんは語っていません。

ウ　「子どもが経験せずに済《す》むようにしてやりたい」とありますが、自分がしてきた苦労の話についてはおばあちゃんは特にふれていません。

2 確認《かくにん》テスト

答え

1 (1) 宙返　(2) 看板　(3) 蒸発　(4) 至
(5) 月刊誌　(6) 郵便番号　(7) 視界　(8) 危険
(9) せんとう　(10) くちべに

2 (1) **ウ**
(2) **ウ**
(3) **イ**
(4) **ア**

3 (1) 現実　(2) 開始
(3) 子孫　(4) 重宝
(5) 親切　(6) 欠点

4 (1) **イ**
(2) 身体が変わ〜もしれない
(3) (例) 人間は死んでしまったらすべてが消えてしまうので、命が続いていくとはいえないのではないか。
〈まるつけのポイント〉
□「命が続いていく」ということに疑問を感じている内容が書けている。
□「人間は死んでしまったらすべてが消えてしまう」を根拠として、疑問を感じたことの理由が書かれている。
(4) **エ**

考え方

2 対義語・類義語のどちらも、言葉だけを覚えるのではなく、使う場面や文脈と合わせて覚えるようにしましょう。
(1) 「単純《たんじゅん》」は〈働きやつくりがこみいっていない・他の要素がまざっていない〉という意味なので、〈物事がこみいっている・いろいろなものが入り交じる〉という意味の「複雑」が対義語です。
(2) 「人工」は〈人が手を加えて作る〉という意味なので、〈人の手が加わっていない〉という意味の「天然」が対義語です。
(3) 「無事」「安全」ともに、〈あぶないことがない〉という意味です。
(4) 「手段《しゅだん》」「方法」ともに、〈目的を達するためのやり方〉という意味です。

3 (5) 「厚意」は〈思いやりのある心〉という意味です。また、〈相手をいい人だと感じる気持ち〉という意味の「好意」と混同しないようにしましょう。
(6) 「短所」「欠点」の対義語は「長所」「美点」です。

4 (1) □に入る文を考えるときは、だれの発言であるかということと、その発言に対して相手がどのように答えているかをおさえるようにしましょう。□は梢《こずえ》がおばあちゃんにした質問ですが、それに対しておばあちゃんは「えっ？」と反応してしばらくだまってから「わからない」と答え、その後14・15行目で「みんな死んじゃうって、ほんとにそうなのかな」と言っています。ここが梢の質問に対足などの問題は収《おさ》まるはずですが、それがうまく機能しないという逆接の関係になっているので、「**イ**　ところが」か「**エ**　しかし」があてはまります。

B　空欄の前の段落《だんらく》には「技術や設備をつたえるときは、つたえる側も受ける側もいろいろなことを学んでおかなければならない」という内容のことが書かれています。これに対して、空欄の後では「学びが足りなくてうまくいかない場合」の例が挙げられていて、23行目には「～という例があります」という記述もあります。したがって、具体例を挙げるときに使う「**エ**　たとえば」が適切です。

(2)

①　問題文で「くわしく説明した一文を探《さが》し」とあるので、探すのは句点から句点の間になります。「どのような技術や設備であることが必要ですか」と問われているので、——①をふくむ段落の最後の「…技術や設備が必要なのです」に着目し、この一文の文頭の六文字を答えます。

②　14・15行目に「技術や設備は、提供するほうも受けるほうも、さまざまなことを学ばなくてはなりません。」と書かれています。これに続く部分で、その内容が説明されています。提供するほうは、「費用と技術の面でその土地にあっているか」を学び、受けるほうは「水や衛生についての基本的な知識と、提供された施設《しせつ》の運営や管理方法」について学ぶ必要があるとあります。また、「どのようなことですか」という問いかけなので、「～こと。」という文末で終わるように気をつけましょう。

(3)

——②をふくむ段落の最初に「エチオピアの例のように」とあり、一つ前の段落にエチオピアの例が書かれています。井戸を整備し、機械をおいてきたものの、数年後にはそれらの井戸の半分以上が使われなくなってしまった理由として、24～26行目で「地元の人びとには故障《こしょう》の原因がわからず、わかったとしても部品を手に入れる手段とお金、交換《こうかん》する技術はなかった」とあります。この部分の内容を参考にしながら、前後のつながりと字数を考えて答えを見つけましょう。

(4)

すべての選択肢《せんたくし》を本文と照らし合わせて正誤《せいご》を判断するようにしましょう。

エ　34・35行目の「技術を提供するだけでなく、その後の管理のノウハウを根づかせることが必要」の内容と合っています。「ノウハウ」とは「方法」のことです。

ア　本文では一貫《いっかん》して「どのようにつたえれば有効な技術や設備になるのか」ということを説明しているので、「つたえるべきではない」という部分がまちがいです。

イ　27～29行目に「維持《いじ》と管理は、援助《えんじょ》を受けるほうがおこなうこととされています」とあるので、「つたえる側の責任でおこなうべき」の部分がまちがいです。

ウ　筆者はどうすれば新しい技術や設備の提供が可能になるのかを説明しているので、「不可能」がまちがいです。

1 確認《かくにん》テスト

答え

1 (1) 音域 (2) 供 (3) 穴場 (4) 退院
(5) 皿洗 (6) 分割 (7) 親孝行 (8) 映画
(9) べっさつ (10) てんこ

2 (1) A **ア** B **い**
(2) A **イ** B **お**

3 (1) **ア** (2) **ウ**

4 (1) **エ**
(2) ① 身近なところ
② (例) 技術や設備が、費用と技術の面でその土地にあっているかどうかということ。
〈まるつけのポイント〉
□「(技術や設備が、)費用と技術の面でその土地にあっているか」ということが書けている。
□「〜こと」という文末表現で書けている。
(3) 故障の原因 ・ 手に入れる手段
お金 ・ 技術
(4) **エ**

考え方

2 (1) 勝利を確信していたという前の内容と、思いもよらない結果が待っていたという後の内容とが反対の関係なので、逆接の「ところが」「しかし」「だが」などでつなぎます。

(2) 「知りたかったことがすべて書かれている」という内容に、値段《ねだん》が安いという内容が付け加えられているので、累《るい》加《か》(添《てん》加《か》)の「さらに」「しかも」などでつなぎます。

3 (1) 例文の「ばかり」は原因を表しており、「ので」「から」などで言いかえられます。これと同じ意味のものは**ア**です。
イは、限定を表し、「だけ」「のみ」などで言いかえられます。
ウは、動作が完了《かんりょう》してまもない状態であることを表します。「さっき」「ちょうど」「今」など、時間を表す言葉とともに使われることがあります。

(2) 例文の「ながら」は逆接を表し、「にもかかわらず」などで言いかえられます。同じ意味のものは**ウ**です。
アは、二つの動作が同時に起こっていることを表しています。「つつ」で言いかえることができます。
イは、〈ある状態のまま〉という意味をもちます。ここでは、昔という名詞《めいし》と組み合わせた「昔ながら」の形で「昔のまま変わっていない」という意味を表しています。

4 (1) 空欄《くうらん》にあてはまる接続語を考える問題では、前後をしっかり読み、次にそれぞれの内容がどのような関係でつながっているかを考えましょう。
A 空欄《くうらん》の前には「水不足のおきている地域《ちいき》に、いろいろな解決方法や技術が提供《ていきょう》されている」という内容が書かれています。これに対して、後には「提供された解決方法がうまく機能しないこともある」という内容が続いています。ふつうは、解決方法や技術が提供されれば水不

メモ

■単元一覧

●丸数字の番号は，大問番号を表しています。

●教科書や『Z 会グレードアップ問題集』（別売り）などで復習する際は下記をご参照ください。

	第１回	第２回	第３回	第４回	第５回
算数	❶分数のかけ算とわり算 ❷❸❹並べ方，組み合わせ方 ❺点対称な図形 ❻線対称な図形 ❼数の規則性	❶❷文字を使った式 ❸比例 ❹反比例 ❺❻円の面積 ❼対戦結果	❶❷分数の割合 ❸資料の整理 ❹拡大図と縮図 ❺❻角柱と円柱の体積	❶❷❸比 ❹グラフの応用 ❺図形の個数を数え上げる ❻カレンダーのきまり	❶逆算 ❷旅人算 ❸円の面積の応用 ❹体積の応用 ❺数の列の和
国語	❶漢字 ❷接続語 ❸副助詞 ❹説明文	❶漢字 ❷❸対義語・類義語 ❹物語	❶漢字 ❷❸慣用句・ことわざ ❹随筆	❶漢字 ❷❸熟語の組み立て ❹説明文	❶漢字 ❷❸敬語 ❹物語
理科	❶からだのつくりと働き ❷月の動き ❸物の燃え方と空気 ❹❺実験器具の使い方	❶植物のつくりと働き ❷大地のつくり ❸てこの働き ❹水溶液の性質	❶生き物と環境 ❷電気の利用 ❸環境問題 ❹水溶液の性質		
社会	❶❷くらしと政治 ❸日本の歴史（縄文～平安）	❶❷❸日本の歴史（鎌倉～江戸）	❶❷日本の歴史（明治～現代） ❸国際社会の中の日本		
英語	❶どんな人 ❷好きな色や教科 ❸得意なこと，できること ❹自分の得意なこと ❺夏休みの思い出 ❻感想を伝える ❼したいこと ❽動物園の説明	❶町にあるもの ❷公園でできること ❸将来、何になりたいか ❹将来の夢 ❺中学校で入りたいクラブ ❻中学校でがんばりたいこと ❼小学校の思い出と中学校で楽しみたいこと ❽中学でしてみたいこと			

Z-KAI